部活動改革2.0

文化部活動のあり方を問う

長沼 豊 編著

中村堂

はじめに

　文化庁が「文化部活動の在り方に関する総合的なガイドライン作成検討会議」を設置し、2018（平成30）年7月12日に第1回会議が開催された。私も委員に名を連ねており、座長を仰せつかっている。

　運動部活動については、既にスポーツ庁が2017（平成29）年に協議を開始しており、2018年3月に「運動部活動の在り方に関する総合的なガイドライン」を発表しているから、遅いと言えば遅い。運動部偏重という風潮が表れているのではないか。部活動と言えば運動部という見方・考え方を変えたい。

　誤解のないように言っておくが私は、運動（スポーツ）は観るのもするのも大好きである。しかし文化的な活動も大好きなのだ。中学校教諭時代には志願して同時に3つの部活動を担当していた時期もある。水泳部顧問、バスケットボール部副顧問、ボランティア同好会顧問である。生徒の9割が運動部に入るという男子校にあって、運動部に比べて文化部を低く見る意識が生徒にも教員もあったと思う。そんな空気を変えたい、文化部活動も盛り上げようと意図的・意識的に動いて3年がかりでボランティア同好会を立ち上げた。そう、私の文化部活動に対する思いは"半端ない"のだ。

　いま、部活動のあり方が問われている。研究も進み文献や論文も散見されるようになり、2017（平成29）年12月には私が中心となって日本部活動学会を設立した。しかしこれまでの種々の研究成果で圧倒的に多いのは運動部のものである。文化部においても運動部と同様の問題があり、さらには文化部固有の問題が存在することも忘れてはならない。

　部活動のあり方を考えるにあたっての私の持論は、次の通りである。

●部活動の在り方を考える５つの視点● （長沼による）
1．中学校の部活動だけでなく、小学校、高校、高専、大学の部活動についても在り方を考える
2．国公立学校の部活動だけでなく、私立学校の部活動についても在り方を考える
3．運動部だけでなく、文化部についても在り方を考える
4．教員の働き方改革の視点だけでなく、生徒の過重負担の視点からも在り方を考える
5．都市型の地域だけでなく、人口が少ない地域の部活動についても在り方を考える
（※１～４は日本部活動学会の第１回大会の基調報告で発言）

そこで今回は３．を重視して、文化部活動に焦点を当て、その実態と課題、解決に向けた方策等を、歴史的観点からの考察も含めて、研究者と実践者のコラボレーションにより文化部活動のあり方を提案したいと考えた。「部活動改革2.0」…部活動改革の第２章をスタートさせたい。これが本書を刊行した趣旨である。

本書のキーワードは、部活動の本来のあるべき姿である「自主・自発とは何か？」である。部活動は、その成り立ちから考えても、現在の教育課程外の位置付けから見ても、生徒の自主的・自発的なものであるはずである。この点はブレることがあってはいけないと思う。部活動のあり方を考える上で中心に据えたい概念である。

そこで、本書では、文化部活動のあり方を考えるにあたって、現状だけではなく、歴史的に見て自主・自発の考え方はどう担保されていたのかについても取り上げることにした。また、自発性を生かすために地域で展開している部活動の新たな取り組みや、自主性を生かした活動を実践している小学校のクラブ活動の取り組みから学ぶことはないかと考え

紹介することにした。

◆　　　　◆　　　　◆

　序章「部活動問題をめぐる動向」では、私が文化部に限らず運動部も含めた部活動全体について解説している。生徒と教員の過重負担の実態、その要因、問題解決に向けた方策について述べ、質・量ともに膨れ上がった部活動を肥大化した風船に例えて説明している。

　第1章「文化部活動の特徴」では、田村基成さんが私立高校教諭の視点で、自身の経験も踏まえて大会の成り立ちや通常の活動の特徴などを運動部との対比により詳細に解説している。文化部員の学校行事への貢献についての記述は、常に生徒に寄り添っている立場ならでは、である。

　第2章「文化部活動の教育的意義」では、林幸克さんが特別活動や社会教育、生涯学習の視点で、各種法令文書を踏まえて文化部活動の意義について解説している。学習指導要領に文化的な学習活動がどのように記載されているかも整理されている。文化部活動と社会教育施設との連携についての記述も参考になる。

　第3章「文化部活動の実践とその課題」は、実践に学ぶ章である。

　競技かるた部については由井一成さんによる。スポーツ系文化部とも言える競技かるた部の実践事例について、私立高校教諭として顧問を担当してきた経験から紹介している。この10年で急速に人気が高まったこと、その結果指導者が不足していることなどが克明に描かれている。大会の主催者側の視点からも、持続可能性のある部活動のあり方を提案している。

　礼儀と部活動については、柴崎直人さんが伝統文化の視点から見た文化部活動について、私立高校の礼儀作法を扱う部活動の実践事例を紹介している。生徒の自主性や主体性を高める工夫が克明に記述されているほか、外部指導者招聘の問題点もあぶり出している。

　総合文化部については、保護者の立場から部活動の問題をTwitterで発信してきたMr.Peki-chanさんに、生徒の部活動全員加入制の学校が

多い岩手県の事例を紹介してもらった。総合文化部が全員加入制を維持するために活用されている実態を明らかにしている。

　郷土芸能部については、石垣市立石垣中学校の玉城久教諭による実践事例である。地域の人々の理解と協力は不可欠であり、特に技術的な面では外部指導者の存在が大きい。生徒の自主的・自治的な活動を促すための工夫や、離島ならではの課題にも言及している。

　全国でもあまり例を見ないマーケティング部は、大分県立中津東高校の岡﨑博吉教諭による実践事例紹介である。部を創るところから始まる実践で、地域の人々との連携・協働で活動が進展していることが分かる。社会的事象を題材として扱うのは文化部ならでは、である。

　軽音楽部については玉木博章さんが、本書のキーワードである自主・自発が既に実現されている活動について紹介している。生徒たちが自分たちで主体的に活動していく姿は運動部とは異なる文化部の特徴とも言え、今後の部活動改革のヒントになる。発想と工夫次第で改革は可能であることを示してくれている。

　掛川市の地域部活動の取り組みでは、2018年5月に静岡県掛川市で創部された中学生対象の地域部活について齊藤勇さんが紹介している。この地域部活は音楽、演劇、放送がコラボした文化創造部で、4つの中学校から15名が入部（1年生）している。NPOが主催し、掛川市教育委員会が協働する形で実施、齊藤氏はNPOの代表理事で、いわば仕掛け人である。生徒の自主性と自発性を尊重して運営している。

　第4章「【座談会】文化部の花形『吹奏楽部』の現状と課題」は、日本部活動学会理事で音楽家の長野いつきさん、第3章の静岡県掛川市の地域部活を立ち上げた齊藤勇さん、吹奏楽部顧問経験のある公立中学校のA教諭、同じく顧問経験のある私立高校のB教諭の4人が吹奏楽部の"光と闇"について、2018年7月21日にSkypeを利用して座談会を開催した記録である。文化部の花形とも言える吹奏楽部の実態と課題、改革に向けた提案などについて語り合ってもらった。

　第5章「学校の働き方からみた文化部活動の現状と未来」では、妹

尾昌俊さんが、学校の働き方改革の視点から部活動のあり方、現状と課題、解決に向けた方策を解説している。中央教育審議会「学校の働き方改革特別部会」委員、スポーツ庁「運動部活動の在り方に関する総合的なガイドライン作成検討会議」委員、文化庁「文化部活動の在り方に関する総合的なガイドライン等作成検討会議」委員でもあり、最近の部活動改革の動向を最も熟知している立場からの論考である。生徒の視点だけではなく、教員の働き方から見た課題も克服しなければならない。

第6章「校友会活動の時代の『自主・自発』とは　―戦前期の中等諸学校における文化部活動―」では、斉藤利彦さんが教育史研究、特に校友会の研究についての第一人者の視点で、部活動の自主・自発の問題に斬り込んでいる。明治時代から戦前期には生徒の自主性・自発性を生かした生き生きとした校友会活動があった。文芸部、弁論部、図書部など、現在の文化部にあたるものも数多く存在したのである。歴史に学ぶことの尊さを教えてくれ、どのように生徒の自主・自発を尊重するのかというヒントが得られる。

第7章「小学校のクラブ活動の知見を生かす」では、清水弘美さんが特別活動を充実させることで学校を元気にしている校長先生の視点で、児童の自主性・自発性を生かした活動を実践している小学校のクラブ活動の具体的な方法を解説している。中学・高校の部活動改革のヒントは小学校のクラブ活動にあるという私の持論を後押ししてくれる論考である。「教師がクラブの担当を選ぶ場合は、できるだけ自分の苦手なクラブの担当になる方がよいでしょう。得意な分野だとどうしても指導してしまいたくなるものです」という言葉が象徴的である。

終章「自主・自発を重視した部活動への転換をめざして」では、私が生徒の自主・自発に焦点を当てて部活動を改革するための方策について特別活動とボランティア論から解説している。部活動を自主・自発を基盤としたものにするためには、既に述べたように小学校のクラブ活動を参考にすることと、ボランティア論を援用して、自主的・自発的な活動の弱点を認識し、落とし穴に陥らないように常に自己評価することを述

べている。

◆　　◆　　◆

「部活動改革」というと、内海和雄氏の『部活動改革―生徒主体への道―』(不昧堂出版、1998年)が20年前に出版されている。部活動の意義、歴史、問題点、部活動改革をめぐる当時の動向、イギリスの部活動、部活動改革への提言など重厚な内容である。話題の中心は運動部であるが、部活動の問題点として18点、改革提言の具体的な施策として11点(国レベル4点、地方・地域レベル4点、学校レベル3点)を挙げている。20年経った今、その時の問題が解決したかと言うと残念ながらそうではない。改革提言については、近年の改革で実現に向けて動き出したものもある(詳細については別途論文等で考察する)。

　内海氏が提言した部活動改革には、副題でもある「生徒主体の部活動」という理念が貫かれており、本書のコンセプトである「自主・自発」を最大限に担保した部活動への改革と通底するものがある。御著書に敬意を払いつつ、部活動改革2.0を描いていくことにしたい。

　想定している読者は、部活動に関わる教員・生徒・保護者、教育関係者、研究者、部活動に興味・関心のある一般市民などである。沢山の方に文化部活動の魅力と課題を知っていただければ幸いである。

2018年8月4日　盛岡にて
編著者　長沼豊

■もくじ■

はじめに …………………………………………………………………… 2

序章　部活動問題をめぐる動向 ………………………………………… 10

第1章　文化部活動の特徴 ……………………………………………… 36

第2章　文化部活動の教育的意義 ……………………………………… 48

第3章　文化部活動の実践とその課題
　第1節　スポーツ系文化部「競技かるた部」………………………… 60
　第2節　文化の伝承「礼儀と部活動」………………………………… 71
　第3節　総合文化部 …………………………………………………… 81
　第4節　郷土芸能部 …………………………………………………… 85
　第5節　実学としての商業系部活動の取り組み …………………… 96
　第6節　軽音楽部に関する論考 ……………………………………… 106
　第7節　静岡県掛川市の地域部活動の取り組み …………………… 120

第 4 章　【座談会】文化部の花形「吹奏楽部」の現状と課題 …………… 132

第 5 章　学校の働き方からみた文化部活動の現状と未来 …………… 154

第 6 章　校友会活動の時代の「自主・自発」とは
　　　　―戦前期の中等諸学校における文化部活動― …………… 164

第 7 章　小学校のクラブ活動の知見を生かす …………………………… 180

終章　　自主・自発を重視した部活動への転換をめざして …………… 190

資料 1　部活動改革（働き方改革含む）に関する近年の行政文書 ………… 210
資料 2　日本部活動学会の紹介 ……………………………………………… 222

おわりに ……………………………………………………………………… 226

編著者・著者紹介 …………………………………………………………… 228

序章
部活動問題をめぐる動向

学習院大学教授　長沼　豊

　文化部に限らず運動部を含めた部活動全体について、その状況を概観しておこう。本書の趣旨から考えて、まずは過重負担の実態を、生徒・教員の両面から確認する。次に、そのような状況になっている原因は何かについて述べる。最後に、改革に向けた近年の動向を紹介する。

1．部活動の過重負担の実態

　スポーツ庁が2018（平成30）年2月に発表した「平成29年度全国体力・運動能力、運動習慣等調査報告書」によると、1週間の運動部の活動時間は全国平均で男子が約944分、女子が約955分である。これを教科の授業など教育課程内の学習時間と比較すると、1週間の全授業の時間数1450分（50分授業29コマ）の約3分の2に相当する時間を部活動に費やしていることになる。別の表現を使うと中学生は学校生活の60％が授業、40％が部活動ということになる。これは平均値であるから、部活動が50％を超える生徒もいるのではないだろうか。筆者が3年間の合計授業時間数と比較したところ、国語・社会・数学・理科・外国語の5教科の授業の合計時間数よりも部活動の合計活動時間の方が多いということが分かった。

　学校とは何をするところなのだろうか、と改めて問いたい。

　生徒の過重負担を考える時には、必ずどこかの部に入部しなければならない仕組み（全員加入制）なのかどうかも問わなければならない。本来、参加自由のはずの教育活動が強制されているからである。生徒全員を入部させている学校はかなりある。

　スポーツ庁の「平成29年度『運動部活動等に関する実態調査』集計

状況」によると、中学生の部活動への所属について生徒の希望制は66.7％、全員加入制は32.5％である。
　(http://www.mext.go.jp/sports/b_menu/shingi/013_index/shiryo/__icsFiles/afieldfile/2017/11/20/1398467_01_1.pdf)。

　文部科学省が2016（平成28）年6月に示した、次世代の学校指導体制にふさわしい教職員の在り方と業務改善のためのタスクフォースの報告「学校現場における業務の適正化に向けて」では、「教員の部活動における負担を大胆に軽減する」と掲げて改善に取り組む方策を示しているが、その中に生徒の負担についての記述がある。
「学校での部活動は、教育課程外の活動として、あくまで生徒の自主的、自発的な参加により行われるものであり、その参加については、生徒一人一人の考えを大切にすることが必要である。また、豊かな人間性や社会性を育むためにも、生徒が、部員以外の多様な人々と触れ合い、様々な体験を重ねていくことも重要である。かかる観点から、部活動に拘束されすぎることがないようにすることが求められる」
　しかし、現実には「部活漬け」と称されるような状態に身を置く中高生は多数いる。好んで取り組んでいる生徒はまだよい。問題は、そうでない生徒にも強制されていること、好きか否かに限らず過剰な時間を部活動に費やした生活をしていることである。
　誤解のないように言っておくが、筆者は部活動は大好きである。生徒時代にも熱心に取り組んだし、中学校教員時代にも自ら志願して3つの部活動顧問を掛けもちしたこともあるBDK（部活動大好き教員）だった。しかし自身の経験はともかく、全国には部活動に苦しさを感じている生徒や教員がいるという現実は見過ごすことができないと考え、部活動改革を訴えている。

　では次に、教員の過重負担の実態に目を移そう。
　第1に、OECDが2014（平成26）年に発表した国際教員指導環境

調査（TALIS）によると、日本の教員の1週間当たりの勤務時間は調査参加国のうち最長（日本53.9時間、参加国平均38.3時間）で、このうち教員が授業の指導に使ったと回答した時間は参加国平均と同程度である一方、課外活動（スポーツ・文化活動）の指導時間が特に長い（日本7.7時間、参加国平均2.1時間）ということが分かった。部活動は日本の学校教育を特徴づける教育活動だと言っても過言ではない。部活動の指導は"当たり前"という風土がある。実際、顧問を引き受けたくないと意思表示した教員に、校長や周囲の教員は「なぜ中高の教員になったの？」と聞くという。

　第2に、連合総研が2016（平成28）年12月に発表した「『日本における教職員の働き方・労働時間の実態に関する調査研究』報告書」によると、中学校教員の1日の平均在校時間は12時間10分であること、週60時間以上働いている教員の割合は87％であることが分かった。中学校教員のうち7時半以前に出勤しているのは運動部顧問の47.8％、文化部顧問の26.8％で、顧問なしの教員は15.6％だった。20時以降に退勤しているのは運動部顧問の50.3％、文化部顧問の44.6％で、顧問なしの教員は21.2％だった。明らかに部活動の指導が教員の勤務時間を左右していることが分かる。特に運動部顧問が突出しており、朝は朝練の影響があるのではないか。一方、文化部顧問については、出勤時刻は運動部顧問ほどではないが、退勤時刻については運動部顧問との差はそれほどないことに気づく。ちなみに週60時間の勤務は単純計算で週20時間の残業、月に換算すると残業80時間となることから、9割近い教員が、いわゆる過労死ラインを越えて働いているということになる

　第3に、文部科学省が2017（平成29）年4月に公表した「教員勤務実態調査（平成28年度）の集計（速報値）について」を見ると、中学校の1日当たりの勤務時間（平日・教諭）は11時間32分で、10年前と比較して32分の増加であった。土日の部活動にかかる1日あたりの勤務時間は10年前の1時間6分から2時間10分と倍増しているこ

とも分かった。この調査では「部活動の活動日数が多いほど学内勤務時間が長い」ことも示されている。なお連合総研の調査とは異なり、過労死ライン超えは約6割だった。

　第4に、スポーツ庁が2018（平成30）年2月に公表した「平成29年度全国体力・運動能力、運動習慣等調査報告書」では、部活動に関して学校のルールとして週1日の休養日を設けている学校は62.8％、週2日は21.5％。休養日を定めていない学校は11.7％、土日に休養日を設けていない学校は21.7％だった。部活動の顧問については、原則全教員が務めることにしている学校が88.3％、希望者が務めることにしている学校は5.3％だった。これらの数字を高いと見るか低いと見るかは、人によって異なるだろう。そこで次に、数字には表れにくい過重負担の実態を当事者の声から拾ってみよう。

　第5に、総務省統計局が2018年7月に発表した調査結果によると、健康の確保・維持の目安となる勤務間インターバル（勤務終了から次の勤務開始までの休息時間）が11時間未満の教師は2016年では26.3％で、2011年の18.2％より8.1ポイント増加した。ホワイトカラー労働者全体では10.4％で、技術者15.1％、営業職業従事者14.0％、保険医療従事者8.0％など他の職種と比べて教師は著しく高いことが分かった。

　第6に、筆者が顧問を務める部活問題対策プロジェクトが2016（平成28）年に実施した署名活動で利用したサイトchange.orgの自由記述欄に記された教員および関係者の声を、文化部のものを中心に紹介する。

「吹奏楽部を担当しています。死にそうなのは運動部だけではありません。吹奏楽未経験の私が、教科が音楽なだけで全楽器の指導。半分は運動部に入れない運動嫌いの生徒の集まり（部活に入らないと高校入試が不利になるので）なのに、賞が取れなければ顧問のせい。異動の際もあの先生が来たから賞が取れる、取れない。私の本業はなんなのでしょう。子どもたちに夢を与える教員の道を選んだ。私は吹奏楽指導者ではない。

私は３歳と４歳の子どもの母親です。このままでは家庭が壊れる。切実です」

「26年間高校で演劇部の顧問をしてきた。土日はほとんど出ていた。子連れで行ったこともある。顧問を拒否できる学校はほとんどないのでは？　しかし部員のために印刷をしようとすると『学校の紙を使うな。自分で持ってこい』と言われる。学校の仕事ではないかららしい。出張時は旅費と１日1,500円（当時）の日当が出たが、終了後生徒におごるので足が出る。生徒が活動中けがをし、その時間に会議に出ていた先生に責任があるという判決が出たこともある。教師の授業に向けるエネルギーはどんどん削られている」

「40代女性です。音楽科ではありませんが、経験者であるというだけで若い頃からずっと吹奏楽部の顧問です。運動部だけがクローズアップされがちですが、吹奏楽部の練習量も相当なものです。運動部同様、いえ、雨天休みがない、グラウンドや体育館のローテーションがない分、今までに在籍したどの学校でも、一番練習時間の長い部でした。３人の子どもがいますが、土日に我が子を置いて練習に出て行くたびに、自分は何をやっているのだろう、何故自分の子に寂しい思いをさせてまで、余所の子の為に無償で働いているのだろう、と叫びたくなります。教材研究や授業研究の時間が取れないのも勿論ですが、家庭人として当たり前の時間が取れないことも大問題ではないでしょうか。部活に打ち込みすぎての離婚、という話も珍しくはありません。土日のお父さんお母さんを家庭に返してください、と切にお願いしたいです」

「問題があるのは運動部だけではありません。吹奏楽部の第二顧問に新任で任命された娘が明日にでも過労事故死するのではないかと吹奏学部のスケジュールを見て教師の家族として嘆きを通り越し怒りを覚えます。各種コンテストや大会や慰問演奏など公立高校で朝補習も実質全員参加の学校でありながら　土日祝日も一日練習で埋めつくされ休日が全くありません。すべては音楽のためにという美名のもとに　生徒が先に倒れるか先生が倒れるか？誰のために頑張っているのでしょうか？　吹奏楽

部はどこもこんなものだから仕方がないとか異常だと考える余裕さえ奪われている現状です」

「県立高校教諭の妻です。平日は部活動後に事務仕事や教材研究、授業準備を行うため帰宅は遅く、土日は部活動のため、自宅にいる時間があまりありません。娘が生まれましたが一緒に過ごせる時間がほとんど取れず、本人も私もつらいです」

　これらの声はほんの一例である。全国には部活動を楽しく実践している教員もいれば、このように苦しんでいる教員やその家族も存在することを確認しておきたい。部活動はよかったという経験者も多いだろう。しかし少数意見かもしれないが、このように感じている人もいる。大切なことは、大きな声によって少数意見がかき消されることのないようにしたいということである。

　いまや部活動は学校教育において質量ともに増大した「肥大化した風船」である。どこから針を刺して萎(しぼ)ませるのかという問題に直面している。もはや１か所ではなく複数の場所から一斉に刺さなければならないほど肥大化しているのではないか。複数の場所とは、生徒の生活の視点、教員の労働問題としての視点、生徒指導のあり方の視点、教育制度からの視点、学校と地域、家庭との連携の視点などである。ただし各々から針を刺す前に、風船が肥大化した原因を考えておく必要がある。

2. 部活動の肥大化の原因

　なぜ部活動はこれほどまでに肥大化したのか、その原因を挙げると次のようになる。

●部活動の肥大化の９つの要因（長沼による）
【時間的な肥大化を生む要因①～④】
①教育課程外の教育活動であることから
②学校週５日制の影響から
③勝利至上主義が支配的になることから

④成果が学校の宣伝になることから
【教員の過重負担を生む要因⑤～⑨】
⑤教育課程の位置付けの変遷の影響から
⑥教員がサービス残業しやすい労働環境にあることから
⑦時間外の部活動指導は業務か否か曖昧であることから
⑧安上がりな選手育成システムとして機能していることから
⑨安全配慮義務が課せられていることから

　この９つの各々について、説明する。
(1)　教育課程外の教育活動であることから肥大化
　学習指導要領に部活動はどのように規定されているのか。2017（平成29）年３月に告示された最新の中学校学習指導要領には以下のように記されている。
「生徒の自主的、自発的な参加により行われる部活動については、スポーツや文化、科学等に親しませ、学習意欲の向上や責任感、連帯感の涵養等、学校教育が目指す資質・能力の育成に資するものであり、学校教育の一環として、教育課程との関連が図られるよう留意すること」
　これによると、部活動は生徒の自主的、自発的な参加によるものであり、教育課程外の活動であることが分かる。部活動を実施するかどうかは各学校の自由で、本来オプションなのである。しかし全国のほとんどの中学・高校で実施されているのが現状である。先に述べたように、生徒全員に入部を強制している学校があるのは、学習指導要領の記述に照らして問題がある。
　また、部活動に関して学習指導要領に時間数の規定がないことから、実施する際に自由度が高い教育活動と言える。これが朝も夜も、土日・祝日も、部活動が際限なく実施できる要因になっている。教育課程外の教育活動であるから文科省も時間数の規制をかけることが難しい。そのため活動日数も時間もどんどん肥大化してきたのである。
　しかし中学校学習指導要領解説総則編（2017年）には以下の記述も

あることを確認しておきたい。
「各学校が部活動を実施するに当たっては、本項を踏まえ、生徒が参加しやすいように実施形態などを工夫するとともに、生徒の生活全体を見渡して休養日や活動時間を適切に設定するなど生徒のバランスのとれた生活や成長に配慮することが必要である。また、文部科学省が実施した教員の勤務実態調査の結果では、中学校教諭の部活動に係る土日の活動時間が長時間勤務の要因の一つとなっており、その適切な実施の在り方を検討していく必要がある」

生徒のバランスのとれた成長・発達に配慮すれば、部活漬けの学校生活がよくないことは明らかである。また部活動が教員の長時間労働の要因になっていることから、ワークライフバランスに配慮したあり方を考えなければならない。部活動は生徒と教員の両方の生活の質の視点から改革が求められているのである。

(2) 学校週5日制の影響で肥大化

また、部活動の肥大化は、1990年代以降の学校週5日制への転換も大きな要因である。土曜日の午前中も部活動が可能になったからである。学校週5日制は1992（平成4）年9月から月1回、1995（平成7）年4月から月2回土曜日を休日にし、2002（平成14）年4月から完全実施となった。当初は土日の両方を部活動にするのはよくない、生徒は家庭・地域で過ごさせようというのが一般的であったが、受け皿の環境整備が進まなかったために、やがて土曜日の部活動は常態化し、今では日曜日も含めて週7日活動している部も珍しくない。

(3) 勝利至上主義が支配的になることで肥大化

運動部の多くは競技性のスポーツであり、競技には勝ち負けが伴う。取り組むのなら負けるより勝った方がよい。部活動で成果を上げるということは大会で勝つことを目指すということになる。文化部がコンクールで上位に入賞することも同じである。これが教育的な価値や意義を超

えて、第一義的な意義を有するものになると勝利至上主義に陥る。誤解のないように指摘しておくと、勝利を目指すこと自体は悪いことではない。特に勝敗がつくスポーツではむしろ自然なことだろう。問題なのは至上主義が部活動全体を支配することである。そうなると活動時間数を増やして熱心に取り組むことになる。土日も休まずに、である。大会上位校に勝つためには、もっと練習しようとなって肥大化するのである。

　また、勝利至上主義の何が問題かと言うと、拙著『部活動の不思議を語り合おう』（ひつじ書房、2017年）でも指摘している通り、勝利至上主義には軍隊の論理が入り込む余地があるからである。軍隊の論理とは、上官の命令には絶対服従し反対意見を述べることは決して許されない、ヒエラルキーのもとでの統率を重視する、自己犠牲を厭わず集団の目的に寄与することが過度に求められる、それゆえ強い同調圧力が働くことを美徳とする、というものである。勝つための精神主義的な価値観によって、強度な支配関係が存立する閉じた小社会である。大学の一部の運動部で見られる「4年神様、3年貴族、2年平民、1年奴隷」という標語が象徴的である。運動部だけではない。1年生が4年生に話しかけてはいけないという文化部もあると聞く。今後も学校教育で部活動を維持するというのであれば、教育機関としてふさわしい方法に転換し、勝利至上主義から脱却する必要があるのではないだろうか。

（4）成果が学校の宣伝になることから肥大化

　地域に開かれた特色ある学校づくりが目指されたのは、おおむね2000年代以降である。他校にはないよさを打ち出して、地域と連携して学校をつくるというコンセプトである。その具現化の一つの方策がコミュニティ・スクールである。また、公立中学であっても、学校選択制を実施している自治体では各校による生徒獲得のための競争が生じており、学校のよさを小学生とその保護者や地域にＰＲすることが求められているのである。

　学校を宣伝することを考えると、教育理念や内容・方法を前面に出す

のが理想ではあるが、目に見える形で示しやすいもの、特に数字で表せるものを指標として出すことは見る側にとっては分かりやすい。そこで、上級学校への進学実績と部活動の成果が二大看板となる。

いわゆる強豪校でなくても、今や「○○大会優勝」等の成果を書いた垂れ幕を校舎の屋上から垂らし、トロフィーやカップを正面玄関に飾るのは一般的になっている。部活動の成果は学校の成果を示し宣伝する格好の材料になるからである。しかし、大会やコンクールで上位に入ることが主目的となると勝利至上主義に陥る。学校教育の目的からは逸脱したものとなり、長時間の活動が当たり前になってしまう。部活動にはこのような魔力が潜んでいる。

そして部活動の成果をより高いものにするためには、大会やコンクールに向けた時間の確保は欠かせないものとなる。ある中学校では、中3の最後の大会を目指す6月下旬から7月の時期と、新人戦のある9月の時期は、通常50分の授業を45分にして、部活動の時間を長目にとるという。特定の部が力を入れているのではなく、学校全体で部活動のために教科の授業時間を減らすのである。学校は何をするところだろうか。

こうした実態があることから、部活動改革で活動時間を縮小しようと言っても「活動の量で勝つ仕組み」に慣れている人々にとっては弾圧だと感じ猛反発するのである。「特色ある学校づくり」という錦の御旗もある。肥大化した風船に針が刺せない理由はここにもある。

(5) 教育課程の位置付けの変遷の影響により肥大化

部活動は明治期以降、課外の自由な活動であり、今でもそうである。しかし歴史的には必修クラブとして教育課程内に取り込まれた時期があ

った。1968〜1969（昭和43〜44）年の学習指導要領で必修クラブが規定され、教育課程外の部活動と並立していたのである。約20年この状態が続いたが、1989（平成元）年の学習指導要領でクラブ活動の部活動による代替措置（生徒が部活動をすれば必修クラブを履修したとみなす）が規定されたため、多くの学校では部活動を必修にして対応した。その分教科の学習時間を増やせるからである。現在も生徒全員を部活動に入部させている学校の多くは、この時期の仕組みをいまだに変更していないことになる。その理由の一つとして、1980年代に多発した校内暴力への対応策として部活動を活用したことが挙げられる。問題行動を繰り返す生徒を運動部に入部させ、朝練と夜遅くまでの練習により校外で暴れないようにした。これを家庭や地域が支持し、一定の成果を上げたことで、部活動は生徒指導の機能を有するものとして学校内で確固たる地位を占めたのである。

　続いて1998〜1999（平成10〜11）年の学習指導要領で中学・高校のクラブ活動は廃止され、代替措置もなくなった（必修クラブ活動は小学校のみ現在も存続）。この時、元に戻して部活動を任意参加にせず、引き続き必修（全員入部）のままにした学校や地域があったのは、生徒指導の機能を有する意義ある教育活動をそのまま維持したいとの判断があったからである。また学習指導要領から部活動の記述が一切なくなったことで、自由度は高まったのであるが、このことが活動時間の肥大化に際限がなくなった原因になってしまったと言える。

　そのため、2008〜2009（平成20〜21）年の学習指導要領に部活動は記述されたが、ひとたび肥大化した風船は簡単には萎まない。2017〜2018（平成29〜30）年の学習指導要領でも部活動は、ほぼ同様の趣旨で記述された。

　このように、部活動の全員入部制や活動時間の増大は、学習指導要領の位置付けの変遷による要因もあったのである。

（6）教員がサービス残業しやすい労働環境にあることから肥大化

　通称「給特法」という法律がある。公立の義務教育諸学校等の教育職員の給与等に関する特別措置法の略である。教員には教職調整額を月給の4％支給するが、時間外勤務手当及び休日勤務手当は支給しないと規定されている。部活動の指導で勤務時間外に長時間学校に居ても一切の手当は支給されない。この4％というのは、1966（昭和41）年の1か月平均の教員の時間外勤務が約8時間だったのが算出根拠となっている。一日の勤務時間を7時間45分として4％を計算すると約19分になるが、現在は平日の勤務は平均11時間を超える状態（時間外勤務は3時間超）で、19分とは大きな齟齬がある。

　一般的な就業規則である8時15分から16時45分（休憩の45分を含む）の勤務時間で考えると、単純計算でも部活動を1時間程度指導すれば確実に残業の域に入る。逆に言えば、所定の勤務時間に収めるためには部活動の指導は1時間以内に終了しないといけないが、そのような部活動を見たことがない。そうしたとしても、部活動以外の業務（授業準備等）は勤務時間外にはみ出ることになる。ただしこの計算は45分の休憩をとらない場合であるから、きちんと休憩をとれば部活動は15分程度で終了しなければならない。ということは、そもそも学校というところは教員の時間外労働が当たり前のものとして教育活動が設計されているということになる。勤務開始の8時15分よりも前に生徒の登校時間が設定されているのも同様であり、教員のサービス残業だけでなく「サービス早業」（筆者の造語）にも依存しているのである。部活動の問題を考えることは、学校とは何かを問うことになる。

　では仮に、現在の勤務実態に合わせて教職調整額を支給したらどうなるか。過労死ラインである月80時間以上超過勤務している中学校教員が少なくとも6割いることから、仮に80時間で計算すると教職調整額を10倍の40％にしなければならない。学校の教員は給与月額の36％分をサービス残業として献上しているということになる。

（7）時間外の部活動指導は業務か否か曖昧であることから肥大化

　これまで部活動による残業、時間外勤務と表記してきたが、これも正確なものではない。実は、部活動の指導は必ずしも時間外勤務とは言えないのである。2003（平成15）年の「公立の義務教育諸学校等の教育職員を正規の勤務時間を超えて勤務させる場合等の基準を定める政令」には、以下の記述があるからである。
「教育職員については、正規の勤務時間の割振りを適正に行い、原則として時間外勤務を命じないものとすること」（抜粋）、「教育職員に対し時間外勤務を命ずる場合は、次に掲げる業務に従事する場合であって臨時又は緊急のやむを得ない必要があるときに限るものとすること。
イ　校外実習その他生徒の実習に関する業務
ロ　修学旅行その他学校の行事に関する業務
ハ　職員会議（設置者の定めるところにより学校に置かれるものをいう。）に関する業務
ニ　非常災害の場合、児童又は生徒の指導に関し緊急の措置を必要とする場合その他やむを得ない場合に必要な業務」
　これがいわゆる「超勤4項目」であり、この中に部活動の指導はない。つまり、勤務時間外の部活動の指導は管理職の職務命令ではない。勤務でないとすると、いったい部活動は教員にとって何の時間なのだろうか。土日・祝日の部活動については、大会の引率等に4時間以上従事して日額3600円の手当が支給される（基準や金額は自治体によって異なる）が、業務として認知されているから手当が出ると見るのが自然だろう。また多くの判例が示しているように、活動中に事故が起きれば責任は学校や教員にあるとみなされる。責任があるということは業務として認知されているということだろうか。
　部活動の指導、特に勤務時間外のそれは業務のようでもあり、法令上はそうではないという曖昧な世界なのである。この曖昧さは、残業代が出ないことから、業務負担への歯止めになると同時に、逆に際限なく活動できてしまうことにつながるという構図を作り上げているのである。

(8) 安上がりな選手育成システムとして機能していることから肥大化

　教員が部活動の指導をしてくれることは保護者にとっては有り難いことである。通常、何かのスキルを得るためには相応の対価を支払うのが当たり前であるが、学校であれば指導費が無料だからである（部活動が「中学生版託児所」として機能しているということである）。その意味では家庭の経済格差が反映しない優れたシステムとして日本の部活動は運用されてきたと言える。恩恵を受けているのは保護者だけではない。当該種目の推進団体からすれば、全国レベルや世界レベルの人材を学校が輩出してくれるのは有り難い。そのような団体は、全国の部活動に従事する顧問教員の善意と無給労働に依拠して（甘えて）、選手育成システムが成立していることを再確認すべきである。

　また、顧問と言う名前でありながら技術的な指導も求められている（コーチまたは監督業務も担っている）のが実態である。しかも自身が経験したことのない種目を担当するという専門性を度外視したことが行われている。日本体育協会（現在の日本スポーツ協会）が2014（平成26）年に発表した「学校運動部活動指導者の実態に関する調査報告書」によれば運動部の場合、自ら経験したことのある部を担当している教員は47.9％である。ひとたびこのようなシステムができあがってしまうと、変えるのは容易なことではない。同調圧力のはたらく職場環境においては、DVD等でルールや指導法を一から勉強して部活動指導に携わっている教員が全国にはたくさんいることを忘れてはならないが、ルールを覚えるどころか、審判もやらなければならない場合もあるというのが現状である。

(9) 安全配慮義務が課せられていることから肥大化

　学校差や地域差はあるものの、かつては活動場所に顧問は必ずしも居なくてもよかった（筆者が生徒の時や、中学校教諭の時もそうだった）。実際、教員室で別の仕事をしていて、部活動終了時に顔を出す教員もいたと、ある校長先生に伺ったことがある。2000年代以降、次第に当該

活動場所に居ることが求められるようになったのは安全配慮義務の遵守によるものであるという。生徒に事故や怪我があった場合に教員がその場に居たかどうかが保護者から（場合によっては裁判で）問われるようになったのである。もし筆者が校長だったら、やはり先生方にその場に居てくださいとお願いするだろう。部活動の場に居て、教科の小テストの採点はできない。当然それは活動後になる。過去と比べて教員の負担が確実に増えているのは、このような部活動への関与の方法の変化も要因となっているのである。

　しかし安全配慮義務とは、労働契約法第5条に記された「使用者は、労働契約に伴い、労働者がその生命、身体等の安全を確保しつつ労働することができるよう、必要な配慮をするものとする」であることから、本来は教員が安全に労働できるように雇用主が配慮することである。生徒に対する安全配慮はもちろん重要であるが、同時に部活動顧問の過重負担が要因となって教員が過労死するようなことがないよう安全配慮をすることも重要である。

　以上のように、部活動が生徒にとっても教員にとっても過重負担になっている原因、肥大化して要因は複合的であり、改善を図るのは容易ではない。

3. 部活動改革の動向

　部活動改革の動きは2016（平成28）年から活発になったこともあり、筆者は同年を「部活動改革元年」と呼んでいる。行政による部活動改革は、学校の（教員の）働き方改革とも連動してきたのが特徴である。
　近年の部活動改革をまとめたものが以降の表である。

部活動改革をめぐる近年の動向

	文部科学省等	教員有志等による運動	長沼豊（研究室主催含む）
2015年12月23日		6人の教員が「部活問題対策プロジェクト」を立ち上げ、第1弾署名（教師編）『部活がブラックすぎて倒れそう…教師に部活の顧問をする・しないの選択権を下さい！』を開始	
2016年2月13日			朝日新聞コメント（部活動顧問の加重負担問題）
2016年3月3日		部活問題対策プロジェクトが教員の顧問選択制の要望書と署名を文科省に提出	
2016年3月14日			東京新聞コメント（部活動顧問の加重負担問題について）
2016年3月26日		部活問題対策プロジェクトが第2弾署名（生徒編）『生徒に部活に入部する・入部しないの自由を！ 入部の強制に断固反対！』を開始	
2016年4月	大臣政務官を座長とする「次世代の学校指導体制にふさわしい教職員の在り方と業務改善のためのタスクフォース」を省内に設置		「全国一斉ＮＯ部活動デー」を提唱（毎月ゼロのつく日）
2016年4月13日			ＴＢＳテレビ「Ｎスタ」でコメント（部活動顧問の加重負担問題について）
2016年4月17日		部活問題対策プロジェクトが文科省に部活動の実態調査をする要望書を提出	
2016年4月27日			ヤフーニュース（部活動顧問の加重負担問題について）
2016年5月9日			法学館憲法研究所サイト「部活動顧問の加重負担問題について」
2016年6月8日		部活問題対策プロジェクトが文科省に緊急声明を提出	
2016年6月13日	タスクフォースの報告「学校現場における業務の適正化に向けて」を公表		
2016年6月28日		部活問題対策プロジェクトが中央教育審議会に要望書を提出	
2016年7月25日			北海道新聞コメント（部活動指導 教員の負担を減らすには）
2016年8月5日		部活問題対策プロジェクトが生徒の部活動加入の選択制に関する嘆願書を文科省に提出（教員の顧問選択権は第2回分を提出）	
2016年9月		部活問題対策プロジェクトが学習指導要領の記述内容に関するパブリックコメント提出を呼びかけ	
2016年12月15日	スポーツ庁が調査結果を公表		
2016年12月20日			ＴＢＳラジオ「荻上チキ・Session-22」「中学校の部活動を考える」
2016年12月21日	中央教育審議会答申		
2017年1月6日	文科省とスポーツ庁が連名で「平成28年度 全国体力・運動能力，運動習慣調査の結果の取扱い及び活用について（通知）」を全国の教育委員会の教育長宛に発出（休養日を適切に設定するように等）		
	部活指導員を学校職員として位置づけるよう学校教育法施行規則を一部改正することを発表		
2017年1月		部活問題対策プロジェクトが外部指導員を位置づけることについてのパブリックコメント提出を呼びかけ	

序章　部活動問題をめぐる動向

	文部科学省等	教員有志等による運動	長沼豊（研究室主催含む）
2017年1月23日			東京新聞コメント（ゼロのつく日はノー部活動デー）
2017年2月9日			ＮＨＫテレビ「視点・論点」「部活動顧問と"働き方改革"」
2017年2月		部活問題対策プロジェクトが学習指導要領案の記述についてのパブリックコメント提出を呼びかけ	
2017年2月20日		部活問題対策プロジェクトがレッドシールキャンペーンを始める	
2017年3月18日			東京新聞コメント（部活問題について）
2017年3月26日			第1回部活動のあり方を考え語り合う研究集会in目白を開催
2017年3月27日			東京新聞コメント（第1回部活動のあり方を考え語り合う研究集会の様子について）
2017年3月31日	学習指導要領告示（小学校・中学校）		
2017年4月	部活指導員を学校職員として位置づけ（施行）	教員有志が「部活改革ネットワーク」を立ち上げ改革に向けた発信をSNSで始める	
		3人の有志が「教働コラムズ」を立ち上げ情報の募集と提供を始める	
2017年5月19日	スポーツ庁「運動部活動の在り方に関する総合的なガイドライン作成検討会議」が審議を開始		
2017年5月28日			テレビ金沢　部活動の安全について
2017年6月8日			テレビ金沢　部活動の安全について
2017年6月17日			読売新聞コメント（教員の働き方改革）
2017年6月22日	文科相が中教審に対して「新しい時代の教育に向けた持続可能な学校指導・運営体制の構築のための学校における働き方改革に関する総合的な方策について」を諮問		
2017年7月1日			第1回部活動ミニ研究集会を開催（学習院大学）
2017年7月11日	中央教育審議会「学校における働き方改革特別部会」が審議を開始		
2017年7月13日			ＴＢＳテレビ「あさチャン」教員の多忙化について
2017年7月29日			ＮＨＫテレビ「週刊ニュース深読み」部活動の過重負担問題
2017年7月29日			弁護士ドットコムニュースHP掲載
2017年8月6日			第2回部活動のあり方を考え語り合う研究集会in大阪を開催（大阪大学）
			日本部活動学会の設立準備を発表（発起人代表に）
2017年8月10日			ＴＢＳテレビ「あさチャン」部活動の過重負担について
2017年8月			ひつじ書房より『部活動の不思議を語り合おう』を出版
2017年8月29日	「学校における働き方改革に係る緊急提言」を発表		弁護士ドットコムニュース　コメント（教員の働き方改革）
2017年9月		7人の教員が働き方改革のための「現職審議会」を立ち上げ、活動を始める	
2017年9月8日			読売新聞コメント（中学の部活動について）

	文部科学省等	教員有志等による運動	長沼豊（研究室主催含む）
2017年9月11日			週刊東洋経済（部活動問題について）
2017年9月15日			東京新聞コメント（外部指導員配置について）
2017年10月7日		部活問題対策プロジェクトが第3弾署名「教師の卵に『部活の顧問できますか？』の質問はしないで！【教員採用試験】」を開始	
2017年10月16日			教育新聞（部活動の在り方を問い直す）
2017年10月17日			読売新聞コメント（部活指導員）
2017年10月30日			教育新聞（部活動の在り方を問い直す）
			読売新聞（部活動学会設立について）
2017年11月5日			毎日新聞（部活動改革について）
2017年11月6日		現職審議会が記者会見を行い、部活動を含めた学校の働き方改革を提言	
2017年11月13日			週刊教育資料「自著を語る」
2017年11月19日			第2回部活動ミニ研究集会を開催（学習院大学）
2017年11月27日	スポーツ庁が「平成29年度 運動部活動等に関する実態調査」集計結果（速報値）を公表		
2017年11月28日		現職審議会がぶら下がり記者会見に応じる	
2017年12月6日		部活問題対策プロジェクトが教員の顧問選択制の要望書と署名を文科省に提出（第3回分）	
2017年12月9日			中日新聞（部活動学会設立）
2017年12月12日		現職審議会が記者会見を行い、部活動を含めた学校の働き方改革を提言（第2回）	
2017年12月18日			朝日新聞（部活動学会設立）
2017年12月22日	中教審が「新しい時代の教育に向けた持続可能な学校指導・運営体制の構築のための学校における働き方改革に関する総合的な方策について（中間まとめ）」を公表		読売新聞（部活動学会設立）
2017年12月23日			しんぶん赤旗「部活動の未来考える」
2017年12月26日	「学校における働き方改革に関する緊急対策」を発表		
2017年12月27日			日本部活動学会設立（初代会長に）
			第3回部活動のあり方を考え語り合う研究集会 in 名古屋を開催（勤労会館）
			日本部活動学会設立取材（読売新聞・毎日新聞・毎日新聞名古屋・日本経済新聞名古屋・中日新聞・朝日新聞・朝日新聞名古屋・共同通信・時事通信・教育新聞・日本教育新聞・NHKテレビ名古屋・東海テレビ・中京テレビ）
2017年12月28日			しんぶん赤旗（部活動学会発足）
2018年1月11日			教育新聞（日本部活動学会の設立について）

	文部科学省等	教員有志等による運動	長沼豊（研究室主催含む）
2018年1月16日	スポーツ庁が「運動部活動の在り方に関する総合的なガイドライン骨子（案）」を公表		
2018年1月18日			日本テレビ「ZIP！」 部活動顧問の過重負担について
2018年1月21日			毎日新聞「負担軽減へ　部活外部化」
2018年1月22日			日本経済新聞（日本部活動学会設立）
2018年2月9日	文部科学事務次官が「学校における働き方改革に関する緊急対策の策定並びに学校における業務改善及び勤務時間管理等に係る取組の徹底について（通知）」を各教育委員会の教育長宛に発出	部活問題対策プロジェクトがスポーツ庁に緊急提言を送付	
2018年2月25日			読売新聞「教員にも働き方改革」
2018年3月1日			NHK（名古屋）　部活動のあり方について
2018年3月2日			山陽新聞など共同通信配信記事　「進展する部活動改革」
2018年3月5日	名古屋市教育委員会が市内の小学校の部活動を2021年3月に廃止すると公表		TBSラジオ「小学校の部活動　名古屋市が廃止」
2018年3月9日		部活問題対策プロジェクトが教員の顧問選択制の要望書と署名を文科省に提出（第4回分）	読売新聞「部活動　見直し急ピッチ」
2018年3月16日			中日新聞（部活動学会）
2018年3月19日	スポーツ庁が「運動部活動の在り方に関する総合的なガイドライン」を発表		
2018年3月25日			日本部活動学会第1回大会開催（学習院大学）
2018年3月30日	学習指導要領告示（高校）		
2018年3月	スポーツ庁が「平成29年度 運動部活動等に関する実態調査報告書」を公表		
2018年4月1日			中日新聞（部活動学会）
2018年4月2日			教育新聞（部活動の在り方）
2018年4月5日			教育新聞（日本部活動学会シンポジウム）
2018年4月18日			社会新報（部活動学会）
2018年4月20日			読売新聞（文化系部活動）
2018年4月23日			日本教育新聞（部活動学会）
2018年5月21日			NHKラジオ「Nらじ」なくなる？"ブラック部活"スポーツ庁が指針
2018年6月3日			中國新聞「変わらぬブラック部活」
2018年6月16日			朝日新聞（大阪本社版）1面「球児の練習　時短進む」
			読売新聞（栃木版）
2018年7月12日	文化庁「文化部活動の在り方に関する総合的なガイドライン作成検討会議」（第1回）		文化庁「文化部活動の在り方にに関する総合的なガイドライン作成検討会議」座長
2018年7月20日			教育新聞・共同通信「日本部活動学会調査結果公表」について
2018年8月5日			第4回部活動のあり方を考え語り合う研究集会in岩手を開催（アイーナ）

この中で特徴的なものについて説明する。

　文部科学省は2016（平成28）年6月に、次世代の学校指導体制にふさわしい教職員の在り方と業務改善のためのタスクフォースの報告「学校現場における業務の適正化に向けて」を発表した。この中で「教員の部活動における負担を大胆に軽減する」とし、その改革の基本的な考え方の要点は「適正・適切な休養を伴わない行き過ぎた活動は、教員、生徒ともに、様々な無理や弊害を生む」「教員の勤務負担の軽減のみならず、生徒の多様な体験を充実させ、健全な成長を促す観点からも、休養日の設定の徹底をはじめ、部活動の大胆な見直しを行い、適正化を推進する」となっている。内容は「(1) 休養日の明確な設定等を通じ、部活動の運営の適正化を推進する」と「(2) 部活動指導員の配置など部活動を支える環境整備を推進する」の2本立てであった。

　2017（平成29）年1月には文部科学省とスポーツ庁の連名で「平成28年度全国体力・運動能力、運動習慣等調査の結果の取扱い及び活用について（通知）」が教育委員会に向けて出された。「一週間の中で休養日を設定していない学校や、一箇月の中で土曜日や日曜日の休養日を設定していない学校においては、学校の決まりとして休養日を設定すること等を通じて、運動部活動の適切な運営を図ること」と通知している。

　さらに、文部科学省は学校教育法施行規則を改正し、部活動の指導を行う指導者を学校職員として位置付けることにした（同年4月から施行）。これにより土日の活動や大会引率などは顧問教員でなくても引率可能になった。

　また同省は、同年6月に学校の働き方改革を中央教育審議会に諮問し、初等中等教育分科会に「学校における働き方改革特別部会」を設けて同年7月から集中審議を始めた。同年12月には「新しい時代の教育に向けた持続可能な学校指導・運営体制の構築のための学校における働き方改革に関する総合的な方策について」（中間まとめ）を出した。その中で、部活動の指導は「学校の業務だが、必ずしも教師が担う必要のない業務」とした上で、次のような提言を行っている（筆者が抜粋）。

○各学校が部活動を設置・運営することは法令上の義務とはされていないが、現状では、ほとんどの中学校及び高等学校において部活動が設置され、実態として、多くの教師が顧問を担わざるを得ない状況である。
○教師の中には、部活動にやりがいを感じている者もいる一方で、競技等の経験がなく部活動の指導に必要な技能を備えていない教師等が部活動の顧問を担わなければならない場合には負担を感じている。
○学校職員として部活動の実技指導等を行う部活動指導員をはじめとした外部人材を積極的に参画させるとともに、大会・コンクール等の主催者においては、関連規定の改正等を行い、部活動指導員による引率を行えるようにすべきである。
○各学校が部活動の適切な活動時間や休養日について明確に基準を設定するとともに、保護者に対し理解を求めるように努めるべきである。
○部活動を学校単位の取組から地域単位の取組にし、学校以外が担うことも積極的に進めるべきである。

さらに、2018（平成30）年3月にはスポーツ庁が「運動部活動の在り方に関する総合的なガイドライン」を発表した。その中で次のような提言を行っている（筆者が抜粋）。
○学期中は、週当たり2日以上の休養日を設ける。（平日は少なくとも1日、土曜日及び日曜日（以下「週末」という。）は少なくとも1日以上を休養日とする。週末に大会参加等で活動した場合は、休養日を他の日に振り替える。）
○長期休業中の休養日の設定は、学期中に準じた扱いを行う。また、生徒が十分な休養を取ることができるとともに、運動部活動以外にも多様な活動を行うことができるよう、ある程度長期の休養期間（オフシーズン）を設ける。
○1日の活動時間は、長くとも平日では2時間程度、学校の休業日（学期中の週末を含む）は3時間程度とし、できるだけ短時間に、合

理的でかつ効率的・効果的な活動を行う。
○公益財団法人日本中学校体育連盟は、主催する学校体育大会について、（中略）、単一の学校からの複数チームの参加、複数校合同チームの全国大会等への参加、学校と連携した地域スポーツクラブの参加などの参加資格の在り方、参加生徒のスポーツ障害・外傷の予防の観点から、大会の規模もしくは日程等の在り方、スポーツボランティア等の外部人材の活用などの運営の在り方に関する見直しを速やかに行う。

　文化部活動については、文化庁が同年7月に「文化部活動に関する総合的なガイドライン作成検討会議」を発足させた。筆者が座長となって協議を行っており、2018（平成30）年内のガイドライン作成を目指している。
　以上のように、国が示す部活動改革が一気に進行してきており、3年前から考えると隔世の感がある。ただ、問題はこれらが実現されるかどうかである。というのも文部省（当時）は1997（平成9）年に部活動の休養日の設定について「中学校は週2日以上」「高校は週1日以上」という目安を示したが、実際には全く守られなかったからである。ただし、この目安は「考察」という項目の中の「休養日等の設定例（参考）」として書かれており、目立つものではなかったから無理もないと言える。
　また、部活動指導員は学校職員であり、自治体の人件費増が必要になるため、財政的に余裕のある自治体しか導入しない可能性がある。
　今後は国による部活動改革が各自治体および各学校に波及していくのか、検証が必要である。
　なお、筆者が整理した部活動改革の方策は以下の通りである。拙著『部活動の不思議を語り合おう』（ひつじ書房、2017年）に記したものを少し修正したものである。説明の詳細は省略するので、興味・関心のある方は拙著を参照してほしい。

部活動改革の６つのフェーズ（長沼による）ver.2

フェーズ１	休養日の設定＋活動時間の上限設定
フェーズ２	外部指導者（または部活動指導員）の確保
フェーズ３	顧問の選択制の導入＋生徒の全員加入制の廃止
フェーズ４	外部クラブの組織化または企業支援の導入
フェーズ５	勤務時間内の部活動＋それ以外の活動の外部化（多治見方式）
フェーズ６	必修クラブ活動の復活＋部活動の学校外への移行

2018.8 ⓒ長沼豊

【ver.1 からの変更点】スポーツ庁のガイドラインの内容を踏まえ、フェーズ１に活動時間の上限を記述
長沼による部活動３原則の策定を踏まえ、フェーズ３に生徒の全員加入制廃止を記述
従前の「外部化」の意味を明確にするため、フェーズ６の記述を変更

4．部活動の教育的意義

　様々な問題があってもなお学校教育が部活動を抱え続けているのは、部活動に教育的意義があるからである。部活動を縮小しよう、学校から切り離そうと叫ぶのは簡単であるが、なぜ学校文化に根付いてきたのかを把握して改善策を考える必要があるのではないだろうか。ここでは必修クラブとして取り込まれた際の趣旨を見ることによって、教育的意義を考えてみる。

　1969（昭和44）年の中学校学習指導要領で、特別活動に「クラブ活動」が設けられ、教育課程内の教育活動ゆえ生徒全員必修のものだった。参加任意の部活動と区別するために必修クラブと呼ぶことがある。部活動も並行して存続していたが、クラブ活動は1998（平成10）年の学習指導要領改訂で廃止された（小学校は今でも必修のクラブ活動が存続している）。生徒全員が参加するという点で、学校として教育的意義を十分活かしたものになることが企図されたのである。1969（昭和44）年の学習指導要領での記述は以下の通りである。

「クラブ活動の内容の取り扱いに当たっては、次の事項に配慮する必要

がある。
（1）クラブは、学年や学級の所属を離れて共通の興味や関心をもつ生徒をもって組織することをたてまえとし、全生徒が文化的、体育的または生産的な活動を行なうこと。
（2）クラブの種別や数は、生徒の希望、男女の構成、学校の伝統、施設設備の実態、指導に当たる教師の有無などを考慮して、適切に定めること。
（3）クラブ活動は、各教科の単なる補習、一部の生徒を対象とする選手養成などのための活動となってはならないこと。
（4）クラブ活動においては、各生徒がそれぞれ個性を発揮し、協力し合う活動となるようにすること」

教育的意義としては、同好の生徒が集団活動を行うことができること、異学年の生徒が交流することができること、文化的、体育的、生産的な活動を行うことができること、個性を発揮することができること、協力し合い連帯感や達成感を味わうことができること点などが挙がっている。これらは部活動にも共通していると言える。

また、当時の特別活動の目標は次のように記されていた。
「教師と生徒および生徒相互の人間的な接触を基盤とし、望ましい集団活動を通して豊かな充実した学校生活を経験させ、もって人格の調和的な発達を図り、健全な社会生活を営む上に必要な資質の基礎を養う。
このため、
1　自律的、自主的な生活態度を養うとともに、公民としての資質、特に社会連帯の精神と自治的な能力の育成を図る。
2　心身の健全な発達を助長するとともに、現在および将来の生活において自己を正しく生かす能力を養い、勤労を尊重する態度を育てる。
3　集団の一員としての役割を自覚させ、他の成員と協調し友情を深めて、楽しく豊かな共同生活を築く態度を育て、集団の向上発展に尽くす能力を養う。
4　健全な趣味や豊かな教養を育て、余暇を善用する態度を養うととも

に、能力・適性等の発見と伸長を助ける」

　これらを見る限り、自治的な能力、集団の中で自己を生かす能力、余暇を善用する態度などを養うこともできる点が教育的意義であり、これらは部活動にも共通していると言える。また冒頭にあるような「教師と生徒、生徒相互の人間的な接触」も重要である。部活動を経験した大人たちから、部活動では多くのことを学んだ、部活動の仲間は一生の友、顧問の先生には感謝しているとの声が聞かれるのもうなずける。

　末尾に、筆者が中学校教員時代に、1年生のクラスの学級通信に記した「部活動に入ることのメリット（長所）」の内容を挙げておこう。
「①放課後の貴重な時間を充実して過ごすことができる。
　②1組だけでなく、他の組の1年生とも友達になることができる。
　③2年生・3年生や高等科生、部によってはコーチの大学生・社会人の先輩と知り合うことができる。（勉強の仕方など部活以外の面でもアドバイスを受けられるかもしれない！）また、その中で礼儀などを学ぶことができる。
　④運動部では体を鍛えることができる。対外試合では学校の代表として活躍できる。また、苦しい練習を経て精神面も鍛えることができる。夏合宿等を通じて部員や顧問の先生とも交流ができる。
　⑤文化部・同好会では自分の趣味や研究を生かすことができる。秋の鳳櫻祭では発表の機会もある。
　⑥協力して何かを作りあげる、という達成感が得られる。
　⑦上級生になった時、部を運営することによって自治活動のありかたを勉強することができる。
　⑧勉強と両立させることによって勉強の効果も上がってくる」
（学習院中等科平成6年度1年1組学級通信「輝き」第3号、1994年4月28日より）

　筆者が1年生の学級担任になった時は、4月に必ず生徒に伝えていた内容である。

　部活動には魅力と魔力がある。一字違いで大きな違いである。教育的

意義があるからこそ長年にわたって存続し、日本の学校文化の一翼を担うまでになっているのだ。一方で、自由であるがゆえに肥大化もしてきたのである。

　この章では、文化部に限定せずに、部活動の現代的課題を概観し、次の章から始まる本格的な内容を読むための予備的知識を提供させていただいた。では、いよいよ文化部活動の特徴や教育的意義・課題など、本書の中核部分に入っていこう。

補注
　本章は月刊「児童心理」(金子書房)の連載「『部活』問題を考える」(2018年4月〜6月号)の拙稿を基に記述した。

第1章
文化部活動の特徴

私立高等学校教諭 　田村　基成

1．学校生活の中での文化部活動

（1）筆者の部活動体験

　筆者は私立高等学校に勤める地歴公民科の教師である。これまでに東京都内、千葉県内の私立高校3校に勤務してきた。全国におよそ100万人いる教師と同じように授業、学級担任、分掌、部活動指導などあらゆる職務にあたっている。自身の部活動の経験は、中学・高校は吹奏楽部、大学では管弦楽部に所属して日々練習に励んだ。部活動顧問の経験としては、吹奏楽部、軽音楽部、剣道部、アメリカンフットボール部、水泳部、バドミントン部などを担当してきた。この章では現職教師の視点から見た学校の日常から、文化部活動固有の意義と課題について考察していきたい。

（2）生徒の居場所としての部活動

　教師の主たる仕事となるのは何といっても学級担任である。クラスには様々な生徒がいる。難関大学進学を目指して学習に励む生徒、運動部活動に所属しインターハイや全国大会を目指す生徒、学校が好きで生徒会活動を通じてよりよい学校生活を目指す生徒など様々である。そのような中で、吹奏楽部、軽音楽部、放送部、演劇部、科学部、コンピューター部などに所属する生徒もクラスには少なくない。筆者の勤務校ではクラス替え直後の4月には生徒個人面談の機会が設けられており、生徒一人ひとりと会話する機会がある。個人面談の中で文化部活動所属の生徒に話を聞いてみると、中学校のときは運動部活動だったが、高校では文化部活動に所属している生徒も少なくない。その理由を聞いてみる

と、高校の運動部活動は練習が激しいので文化部活動に入部したとのことである。また、高校入学時は運動部活動に入部したが紆余曲折の末、文化部活動や生徒会活動に励んでいる生徒もいる。部活動は中高生にとって仲間と何かをしながら過ごせる居場所となっている（西島2016）[1]。部活動が生徒の居場所となっているからこそ、どの生徒も充実した学校生活を送ることができていると言えよう。一方で、運動部の影に隠れて見えない努力を続ける文化部員もおり、文化部活動がなければ学校運営そのものがスムーズに進まないような現象も見受けられる。

2．文化部活動とは？〜運動部活動と文化部活動の大会比較〜

（1）運動部活動の連盟組織

　部活動は運動部活動と文化部活動に大別されることは誰もが知るところであろう。運動部は日々グラウンド、テニスコート、体育館等で練習に励み、主に試合に勝利することを目的としている。学校施設での日々の練習、他校との練習試合、公式試合など、部活動に参加していく中で協調性・異学年交流・礼儀・公共マナー等について学ぶ。海外の学校スポーツがレクリエーションを目的としているのに対して、日本の学校での部活動は人間形成を目的としている。中学校教諭の90％近くが何らかの部活動顧問に就任している[2]。顧問を務める理由は日本の部活動の目的が単なる技術向上ではなく人間形成だからだ（中澤2017）[3]。運動部の試合、特に高等学校の全国大会は野球・サッカー・ラグビーをはじめとして全国規模でテレビ中継されることも多く、高校生が懸命に競技に打ち込む姿を見て、視聴者は自身の学生時代の経験や、自分の子どもの学校生活と重ね合わせて感心・感動することも多いだろう。

　運動部活動は大会主催団体によってルール、運営方法をある程度理解することができる。運動部活動の公式試合は高等学校の場合、主に公益財団法人全国高等学校体育連盟（以下、高体連）の主催による。全国高等学校総合体育大会（インターハイ）の競技種目には陸上競技、体操、水泳、バスケットボール、バレーボール、卓球、ソフトテニス、ハンド

ボール、サッカー、バドミントン、ソフトボール、相撲、柔道、ボート、剣道、レスリング、弓道、テニス、登山、自転車競技、ボクシング、ホッケー、ウエイトリフティング、ヨット、フェンシング、空手道、アーチェリー、なぎなた、カヌー、少林寺拳法の30競技（夏季大会）となっている。野球の公式戦は公益財団法人日本高等学校野球連盟（以下、高野連）の主催により、高体連と高野連が定める競技ルールに則って大会が運営される。高体連・高野連主催以外の公式戦は、公益財団法人日本スポーツ協会主催の国民体育大会（以下、国体）が存在する。学校の部活動は高体連、高野連のルールに則って日々の活動が行われるため、運動部の場合は種目やルールが比較的分かりやすいと言える。

（2）文化部活動の連盟組織
①高等学校文化連盟
　高体連の文化部活動版にあたるのが高等学校文化連盟（以下、高文連）と言える。高文連には19の専門部会があり、その種目は演劇、合唱、吹奏楽、器楽・管弦楽、日本音楽、吟詠剣詩舞、郷土芸能、マーチングバンド・バトントワリング、美術・工芸、書道、写真、放送、囲碁、将棋、弁論、小倉百人一首かるた、新聞、文芸、自然科学となっている。1年に一度、8月初旬に5日間かけて各県持ち回りで全国高等学校総合文化祭（以下、全国高総文祭）が開催され、参加校は3,500校、参加生徒数は2万名に上る。さらに全国高総文祭で優秀な成績を収めた学校は、8月下旬に東京での公演にも出場できる。
②高等学校文化連盟以外の大会組織
　しかし、文化部活動の場合は高文連主催の大会よりも、各文化部の連盟主催大会の方に権威があり、多くの学校・生徒が参加している。それぞれの文化部活動の大会について考察する。
（ア）演劇部
　高文連の下部組織である各都道府県演劇連盟主催のコンクールに多くの学校が参加する。

（イ）吹奏楽部

　社団法人全日本吹奏楽連盟主催の吹奏楽コンクールの方に権威があり、多くの学校が参加する。吹奏楽コンクールは毎年夏に都道府県予選が始まり、9月までに地方ごとの支部大会、10月に名古屋国際会議場（2012年までは東京都杉並区の普門館）での全国大会がある。冬から春にかけては少人数編成のアンサンブルコンテストがある。また、マーチングを行っている吹奏楽部は吹奏楽連盟主催のマーチングコンテストが9月から11月にかけてある他に、全日本マーチング連盟主催のコンテストもある。さらに、日本管打・吹奏楽連盟主催の管楽合奏コンテストや、日本高等学校吹奏楽連盟主催の大会などもある。

（ウ）合唱

　高文連の他に社団法人全国合唱連盟主催のコンクールがあり、全国9ブロックごとに支部大会を経て全国大会がある。この他に、NHKが主催するNHK全国学校音楽コンクールにも多くの学校・生徒が参加している。地区予選、ブロック大会を勝ち上り、全国大会に出場した場合は、Eテレで放映される。合唱の小学校・中学校ではさらに、TBS主催のこども音楽コンクールにも多くの学校・生徒が参加する。地区予選からブロック大会を勝ち上り、全国大会1位の学校には文部科学大臣賞が授与される。

（エ）放送

　NHK杯全国放送コンテストが最も権威があり、アナウンス部門、朗読部門、テレビ番組部門、ラジオ番組部門、DJ音楽部門、研究発表部門の6部門に分かれ、都道府県大会を経て全国大会に出場できる。

（オ）軽音楽

　全国高等学校軽音楽連盟と各都道府県軽音楽連盟主催による軽音楽コンテストが主催されている。

　このように、文化部活動は主催者、大会形式が多様となっている。様々な大会が存在するために、毎月いずれかの大会に出場しているよう

な学校も珍しくない。いずれの大会もスタッフは主に学校の顧問教師であり、大会運営は教師の熱意と献身によって行われている。日本の教師の労働時間は世界一長く[4]、献身性は世界一高い（佐藤2015）[5]。

3．学校行事と文化部活動

　教育課程内の活動（学校行事等）でありながら、部活動が大きく関わる学校行事や、部活動がなければ成立しない学校行事が存在する。ここでは教育課程内の諸活動と、部活動との関わりについて考察する。

（1）入学式

　筆者の勤務する中高一貫校では中高合わせて約550名が入学する。入学式には来賓、保護者も参列するため、会場となる体育館は2,000名近くが出席することになる。2,000名が座るためのイスを体育館に並べるのは、それだけで一苦労である。このイス並べを部活動の生徒が担当する場合が少なくない。吹奏楽部が担当することもあれば、体育館を使用するバスケットボール部などが担当することもある。その根拠は、日頃から学校施設を利用させてもらって練習に励んでいるため、その恩返しといった教育的意義による。

　入学式当日は、新入生の入場行進・校歌等の伴奏のために吹奏楽部の演奏が欠かせない。吹奏楽部員は数日前から入学式用の曲目を練習し、式前日には音楽室・部室から楽器を運び出し、イスと譜面台・指揮台を並べるなどの準備をする。当日は早朝から音出し・練習することになる。吹奏楽部の演奏がなければ入学式は寂しいものとなるだろう。式典での演奏は先輩である吹奏楽部2年生、3年生が新入生の歓迎の意味を込めて演奏するという教育的意義がある。

　また、式典で使用するマイクの設置、音量調節は放送部が大きく協力することになる。マイクの配線、音量調節等は非常に神経と労力を使う仕事である。入学式の準備を全て教職員が行っていたら、丸二日はかかることだろう。教育課程内の入学式は、教育課程外の部活動によって大

きく支えられている。

（2）体育祭
　体育祭は特別活動の学校行事にあたる。体育祭でも部活動の生徒が大活躍する。生徒の体育祭実行委員は主に運動部活動の所属生徒で、競技に必要なラインを校庭に引き、競技用具の準備等をする。文化部活動の部員もまた、体育祭では活躍する。吹奏楽部は校歌の伴奏、入場行進曲の演奏、表彰式での得賞歌の演奏などを担当する。野外での演奏では大音量で演奏しなければグラウンド全体に音は届かないために、特に唇に大きく負担がかかり、疲労する。炎天下に楽器をさらすことになり、グラウンドの砂埃による楽器へのダメージが生じる。放送部は、グラウンド全体に音声が届くように、特別にスピーカーを設置したり、マイクの配線を準備したり、競技BGMを常に放送する必要がある。体育祭は文化部員の大きな貢献によってスムーズに進行している。

（3）文化祭
　文化祭は特別活動の学校行事にあたる。文化祭ではクラスごとの展示（特別活動）、学習成果の発表（各教科、総合的な学習の時間）、模擬店（特別活動）などが催される。さらに文化部活動の作品展示、演奏（課外活動）によって文化祭は盛り上がる。
　文化祭での文化部活動の展示・演奏・公演は、教室・講堂・体育館で行われる。吹奏楽部や軽音楽部の演奏、演劇部の公演、写真部の作品展示、コンピューター部の研究発表、科学部の研究発表、書道部の作品展示、華道部の作品展示、茶道部の茶道体験などがある。これら文化部活動の公演、演奏、発表を目的に来校する外部からの来場者は非常に多い。高等学校の場合は公立・私立を問わず、文化祭に足を運んだときの印象で入学を決める中学生も少なくない。多くの文化部活動は文化祭での発表を目標に日々活動しており、文化祭を最後に３年生は引退することが多い。文化部活動の部員は、部活動の公演・発表と、クラスの出展・模

擬店の両方を担当することになり、文化祭期間は常に校内を駆け回っている。文化部活動の発表、公演がなければ文化祭は全く盛り上がらないだろう。文化祭でも、放送部は落とし物の放送、迷子の放送、公演時間、終了時間のアナウンスなど常に仕事をしている。

(4) 卒業式

　卒業式の参列者は卒業生とその保護者、来賓など、入学式と同様の人数が想定される。卒業式でも入学式と同様に部活動の生徒によるイス並べ、演奏、放送準備の協力が欠かせない。入学式と異なるのは卒業式の実施時期はどの学校でも3月となる。そして、多くの学校では卒業式の後に学年末試験が控えているのである。試験1週間前にはどの部活動でも活動停止期間となり、学習に専念することになる。しかし、卒業式での吹奏楽部、放送部の活動は学校運営のために生徒が試験前の多くの時間を割いている。式が終了するまで退出することはできない。吹奏楽部は式の最中、譜面台に隠して試験勉強のノートを見たくなることもあるだろうが、決してそのようなことはしない。翌週からの試験は一切のハンディキャップなく臨むことになる。卒業式で先輩の晴れ姿を見ることができるのは、文化部員の特権なのかもしれない。卒業式もまた、文化部員の献身性に大きく支えられている。

(5) 部活動応援

　文化部活動は運動部活動の応援にあたる。特に夏の高等学校野球選手権大会において、吹奏楽部は野球部の応援に協力することになる。大会約1か月前から野球部応援団、チアリーディング（ダンス部）、吹奏楽部は何度も合同練習が組まれる。吹奏楽部は自分たちの吹奏楽コンクールが近く、練習時間も限られているにも関わらず、野球部の応援にあたることになる。野球部の応援は炎天下での球場で行うため、熱中症等のリスクがある。さらに、野外での演奏になるため楽器へのダメージが大きく、大音量で演奏するので唇に負担が大きくかかる。それにも関わら

ず、吹奏楽部は献身的に野球部の応援にあたる。私が前任校で吹奏楽部顧問をしていた際に、野球部保護者から「吹奏楽部の演奏・応援はとても勇気づけられる」との話を聞いたことがある。文化部活動は学校行事のみならず、他の部活動応援でも欠かせない存在となっている。

4．運動部活動と文化部活動の異なる点
（1）競技人数
①運動部活動

　野球：9人、サッカー：11人、ラグビー：15人、バレーボール6人、柔道・剣道団体戦4人、テニス・バドミントンダブルス：2人、他は個人競技（1人）であろう。レギュラーで活躍できるのはラグビーの15人が最多であり、他の選手は控えということになる。

②文化部活動

　吹奏楽：55人（全日本吹奏楽コンクールA編成）、合唱：40人（NHK全国学校音楽コンクール）、演劇：制限なし、軽音楽部：5名（ただし複数バンドが大会出場可能）。といったように、大会出場に多くの人数が必要である。マーチングは71人以上（マーチングバンド・バトントワリング全国大会）と最低人数が示されている。吹奏楽はA部門に参加できなかった生徒は、B部門（35人編成）に出場することができる。演劇については、スタッフも全て在籍校の生徒でなければならない。このように文化部活動はある程度人数が揃わなければ大会に出場することができない。言い換えれば、全員がレギュラーであり、運動部活動に比較して多くの生徒に活躍の場があるといえる。一方で、欠員が生じてはならない理由がある。吹奏楽部はある楽器の担当奏者は1名のみの場合もあり、その1名が欠けるような場合（欠席、退部）には楽曲全体の演奏が成り立たない。生徒の部活動強制加入、退部の自由がない、といった弊害はこのような点からも生じていると考えられる。

（2）大会方法
①運動部活動

運動部活動は、試合では全国優勝する1校以外は必ず試合では負けることになる。勝つことを目的としながら、必ず負ける運命にあり、「大会は負けるためにある」のである。そこから何を学ばせるかが顧問教員の腕の見せどころではないか。それが学校の教育活動としての役割であろう（長沼2017）[6]。運動部活動では競技ごとに大会主催者（高体連や高野連）が定めたルールがあり、そのルールに則って勝敗が決定する。

②文化部活動

　一方、文化部活動においては勝敗がない（競技かるた等は勝敗がある）。上位大会に進出するためには審査員の審査がある。全日本吹奏楽コンクールは9名の審査員（木管楽器奏者、金管楽器奏者、打楽器奏者、指揮者）によって構成される。招聘される審査員は音楽大学教員、プロオーケストラ奏者であることが多い。審査項目は「技術」と「表現」のみであり、各審査員がそれぞれの項目について数値で評価する。審査にあたっては一番点数の高い審査員と、一番点数の低い審査員の評価は除外して行われる（上下カット）。審査員の審査基準は、詳細には決められていない。審査である以上、やはり音程・音量・リズムといった客観的・数的基準で示しやすい項目で評価されることが多いようである。演劇審査基準はさらに曖昧のようだ。文化活動や芸術は表現を目的としているはずである。しかしながら、コンクールが存在する以上、誰でも上位大会に「勝ち残りたい」と思うところである。

(3) 顧問の役割

①顧問とは

「顧問」という言葉を辞書で引いてみると、「相談をうけて意見を述べる役目の人」とある。部活動顧問は本来、競技指導を想定していない。それにも関わらず、約半数の教師は専門外の部活動顧問にあたっている[7]。ド素人が微々たる手当のみで―中略―本職（授業）ではない活動に強制的に従事させられている（内田2015）[8]。競技指導にはあたらなくとも、子どもだけでできない活動については大人である教師が担当することに

なる。筆者は文化部活動顧問と運動部活動顧問の両方を担当したことがある。文化部活動から運動部活動に担当が変わったとき、「運動部は楽だ」と感じた。運動部顧問と文化部顧問の職務内容の違いを考察する。
②練習
　運動部活動の多くがグラウンドあるいは体育館で練習する。グラウンドで練習する部活動（野球、サッカー、ソフトテニス、陸上競技など）の顧問は、危機管理と安全指導上から常にグラウンドで付き添うことになる。夏は炎天下で真っ黒に日焼けし、冬は厳しい寒さにさらされる。体育館で練習する部活動（バスケットボール、バレーボール、バドミントンなど）では、夏は蒸し風呂状態、冬は暖房なしの体育館で練習に付き添うことになる。
　これに対し、文化部活動は室内での練習となる。また、基本的に練習での怪我の心配はほとんどないため、生徒が練習中でも顧問教師は職員室で他の仕事ができる。一般的に文化部顧問が楽だと思われる所以はここにある。しかし、練習時間については、運動部活動が多くても4時間程度であるのに対し、文化部活動（吹奏楽、軽音楽、合唱、演劇など）は準備に時間がかかり、練習では肉体的疲労はそれ程ないために活動時間は延々と続き、土日や長期休暇中は1日10時間を超えることもある。
③施設・備品管理
　運動部活動は、全部員で共用する備品の管理（野球のベース、バレーボールのネット、バスケットボールのゴールなど）と消耗品（野球・サッカー・テニスのボール、バドミントンのシャトルなど）などを管理する必要がある。学校では通常、現金は生徒に取り扱わせることはないため、業者への注文は顧問教師が担当することになる。
　文化部活動の施設・備品管理は膨大な量となる。吹奏楽部では、多くの楽器は学校備品であるため、打楽器などの大型共用楽器の修理依頼や新規購入などが必要となる。管楽器についても、学校備品の修理は顧問が楽器店に修理依頼する。また、演奏する曲は毎年異なるため、楽譜の手配も顧問の仕事である。（高校ではこれらの手配を生徒に任せていること

ともある。）演劇部についても、脚本の準備、照明・音響の準備など事細かな手配が必要となり、一つ欠けても公演は成り立たない。部活動は課外活動であり、基本的に顧問教師の善意によって行われているが、部活動の業務が一つでも欠けたら顧問教師は生徒・保護者から信頼を失い、責任問題となる。文化部顧問の業務は広範かつ微細にわたる。

④引率

運動部活動は基本的に競技で使用する設備・器具は大会会場に備え付けのものを使用することになる。応援用具、スポーツ飲料、ボールなどは部員各自が持参することもあれば、顧問教師や部員の保護者が自家用車で運搬することもある。集合は現地集合であることが多い。

文化部活動が大会に出場する場合はトラック、貸切バスの手配が毎回必要となる。吹奏楽コンクールの場合は、打楽器は会場備え付け楽器を借用することはできるが、楽器のコンディション等は不明であり、普段から使用している楽器でなければよい演奏はできない。管楽器と共に打楽器もトラックでの運搬が必要となる。また、吹奏楽部は人数も多いため、学校へ集合して貸切バスで移動することになる。

これらのトラック、バスの手配は顧問教師の仕事となり万が一、手配に間違いがあった場合には大きな責任問題となる。大会会場でも楽器運搬、リハーサル会場から本番会場への移動、写真撮影など、場合によっては50名以上の生徒を連れてツアーコンダクターのように生徒を誘導することもある。部活動顧問は顧問としての研修、トレーニングなどを受ける機会はなく、当然1年目の教師や吹奏楽未経験の教師が引率する場合もある。演劇部についても、照明器具、舞台装置などの大道具搬入のためにトラックでの運搬が必要となる。文化部活動の顧問教師が負う責任はあまりに大きい。

⑤大会参加

運動部活動との最大の違いとして文化部活動顧問はプレーヤーとして大会に参加する。東京都中学校吹奏楽コンクールの規程では、指揮者は出場校の教師（非常勤講師含む）または、生徒と定められている。演奏

は指揮者によって大きく変化する。運動部活動顧問は監督として采配、選手の入れ替え等の指示を行うが、グラウンドにプレーヤーとして入ることはない。指揮者となる顧問教師は音を出すことはないが、プレーヤーとして大会に参加するのは運動部活動との最大の違いといってよいだろう。

5. 文化部活動の課題

　以上のように、文化部活動は日々の学校生活、学校行事と密接に関わっている。文化部活動がなければ学校生活は色彩を欠き、文化祭、体育祭、野球応援は全く盛り上がらないことになるだろう。学校運営そのものが成り立たないことも考え得る。学校で文化部員の様子を見ていると、喜んで学校運営、学校行事に貢献しているように見える。それほど文化部活動は学校に根付いている。文化部員はボランティア精神に富み、大きな献身性をもつ生徒が多く、教育意義として部活動は素晴らしい。しかしながら、部活動はあくまで課外活動である。課外活動とボランティア精神にいつまでも依存するのは、学校運営の持続可能性に関わる。文化部活動に依存しない、学校運営を模索すべき時期に来ていると感じる。

注
(1) 西島央「子供を育む運動部活動の意義と社会的役割―教育社会学の観点から―」『運動部活動の理論と実践』P23、大修館書店、2016
(2) スポーツ庁「全国体力・運動能力、運動等調査」2016 より
(3) 中澤篤史『そろそろ、部活のこれからを話しませんか―未来のための部活講義―』p 21、大月書店、2017
(4) TALIS2014（OECD 国際教員指導環境調査）より。日本の教師は週あたり平均労働時間が 53.9 時間であり、うち 7.7 時間が課外活動（部活動）である。
(5) 佐藤学『専門家として教師を育てる―教師教育改革のグランドデザイン―』p3、岩波書店、2015
(6) 長沼豊『部活動の不思議を語り合おう』p52、ひつじ書房、2017
(7) 公益財団法人日本体育協会『学校運動部活動の実態に関する調査報告書』2014
(8) 内田良『教育という病』p190、光文社新書、2015

第 2 章
文化部活動の教育的意義

明治大学文学部専任准教授　林　幸克

1．子どもの文化芸術体験の現況

　教育法令を見ると、伝統や文化、芸術を重要視していることがうかがえる。例えば、教育基本法第 2 条では、教育の目標について、「伝統と文化を尊重し、それらをはぐくんできた我が国と郷土を愛するとともに、他国を尊重し、国際社会の平和と発展に寄与する態度を養うこと」とされている。また、学校教育法第 21 条は、義務教育として行われる普通教育の目標に関して、「生活を明るく豊かにする音楽、美術、文芸その他の芸術について基礎的な理解と技能を養うこと」が示され、文化芸術に関する基礎的な素養を身につける必要性が謳われている。社会教育法第 5 条には、市町村教育委員会の事務について、「音楽、演劇、美術その他芸術の発表会等の開催及びその奨励に関すること」が明示されており、社会教育行政の責務について言及されている。

　それでは、実際に子どもの文化芸術体験はどのような状況にあるのか、各種データから確認しよう。

　国立青少年教育振興機構[1]は、全国の 20 代～ 60 代の男女を対象にウェブアンケート調査を行い、小学生・中学生の頃の放課後や休日の体験について聞いている。その質問項目の中に「学校外の文化系の習い事（音楽、書道、茶道等）に通ったこと」がある（図 1 参照）。その結果を見ると、「ほぼ毎日した」はどの時期も 1 割前後で、2 ポイント弱の差であるのに対して、「ほとんどない」が小学校高学年から中学校にかけて 15 ポイント以上増加している。また、ベネッセ教育総合研究所[2]は、小学 5 年生・中学 2 年生・高校 2 年生対象の質問紙調査を行い、ふだん（学校の授業や宿題以外で）の行動について聞いている。その項

目の中に「美術館や博物館に行く」「歴史的な場所や建物（お寺や神社など）をたずねる」がある（図２参照）。「よくする」と「時々する」の合計をみると、小学生から中学生、高校生へと発達段階が進行するのに伴って該当する割合が減少している。

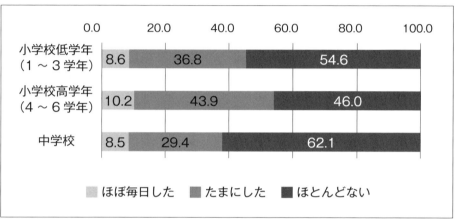

図１　学校外の文化系の習い事（音楽、書道、茶道等）に通ったこと（単位：％）

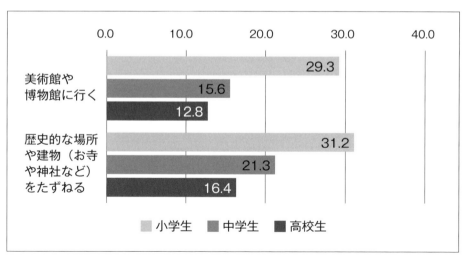

図２　ふだん（学校の授業や宿題以外で）の行動（数値は「よくする」と「時々する」の合計、単位：％）

この2つの調査結果を概観すると、大人の回想からも、児童生徒の実態からも、学校段階の進行に伴って文化芸術体験と疎遠になる傾向にあることが推察される。それでは、文化芸術体験の機会・場を確保するにはどうしたらよいのか、18歳以上を対象に個別面接聴取した世論調査[3]を見てみよう（図3参照）。「子どもの文化芸術体験で重要なこと」を複数回答で求めたところ、「学校における公演などの鑑賞体験を充実させる」が最上位で6割を超えて、他の項目より約20〜30ポイント多くなっており、地域よりも学校に寄せられる期待が大きい。

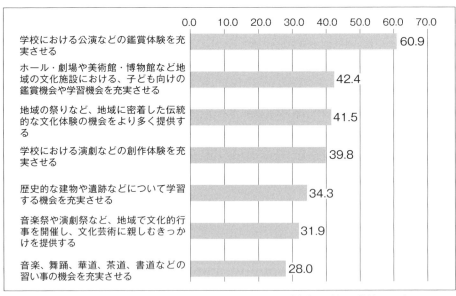

図3　子どもの文化芸術体験で重要なこと（複数回答、単位：%）

2．学校における文化芸術教育

　文部科学省調査[4]では、学校外活動費の中の芸術文化活動に係る学習費（ピアノ、舞踊、絵画などを習うために支出した経費、音楽鑑賞・映画鑑賞などの芸術鑑賞、楽器演奏、演劇活動などに要した経費）が、公立・私立とも小学校、中学校、高等学校と学校段階が進行するに伴って

減少していること、また、世帯の年間収入により学校外活動費（補助学習費及びその他の学校外活動費の合計）支出の差が大きく（特に高等学校）、年間収入が増加するにつれて学校外活動費が増加する傾向にあることが明らかにされている。こうしたデータからも、生徒の発達段階や家庭の経済状況に影響を受けることなく学習機会を確保する意味で、学校において文化芸術教育を推進することには意義がある。

　その文化芸術教育に関して、中央教育審議会答申「第3期教育振興基本計画について」（2018（平成30）年）では、豊かな心の育成に関して、「我が国や郷土の伝統や文化を受け止め、それを継承・発展させるための教育を推進する。小・中学校等と博物館や劇場、音楽堂等、文化芸術団体との連携・協力を図りつつ文化芸術教育や体験機会の充実を図る取組を推進する」とされている。また、文化審議会答申「文化芸術推進基本計画（第1期）について」（2018（平成30）年）では、文化芸術の創造・発展・継承と豊かな文化芸術教育の充実に関して、「学校における芸術に関する教育の充実を図る」こと、「文化部活動の充実に資する取組を推進する」こと、「学校と地域の美術館、博物館等との連携による先進的な取組…を推進する」こととされており、文化部活動も含めて、学校教育における充実化の方向性が示されている。

　関連して、中学校・高等学校学習指導要領における特別活動の学校行事である文化的行事（平素の学習活動の成果を発表し、自己の向上の意欲を一層高めたり、文化や芸術に親しんだりするようにすること）には、音楽会や合唱祭、映画・演劇・伝統芸能鑑賞会などがあり、また、旅行・集団宿泊的行事（平素と異なる生活環境にあって、見聞を広め、自然や文化などに親しむとともに、よりよい人間関係を築くなどの集団生活の在り方や公衆道徳などについての体験を積むことができるようにすること）では、修学旅行や移動教室で文化に触れる機会や野外活動での自然体験の場などがある。学校行事に位置付いていることから、生徒全員が共通して文化芸術に関する体験学習ができる機会・場が確保されていると言える。

3. 文化部活動の存在意義・役割

　各教科や特別活動など教育課程内の学習において文化芸術体験をした後、それに生徒が自ら継続的・発展的に取り組む場として文化部活動を位置付けることができる。中学校・高等学校学習指導要領の総則には、「特に、生徒の自主的、自発的な参加により行われる部活動については、スポーツや文化、科学等に親しませ、学習意欲の向上や責任感、連帯感の涵養等、学校教育が目指す資質・能力の育成に資するものであり、学校教育の一環として、教育課程との関連が図られるよう留意すること。その際、学校や地域の実態に応じ、地域の人々の協力、社会教育施設や社会教育関係団体等の各種団体との連携などの運営上の工夫を行い、持続可能な運営体制が整えられるようにするものとする」とあり、文化部活動の存立根拠の一端を見出すことができる。ここでは、総則の記述の中の「教育課程との関連」と「社会教育施設や社会教育関係団体等の各種団体との連携」に着目する。

（1）文化部活動と教育課程との関連

　まず、文化部活動の内容に対応する高等学校学習指導要領の主な記述を確認しよう（表参照）。なお、本章での文化部活動は、全国高等学校文化連盟[5]の規定部門の19専門部を取り上げることとする。

表　高等学校学習指導要領における主な記述と文化部活動の対応

高等学校学習指導要領の主な記述	文化部活動
【国語】翻訳の文章、古典における文学的な文章、近代以降の文語文、演劇や映画の作品及び文学などについての評論文などを用いることができること。	演劇
【保健体育】表したいテーマにふさわしいイメージを捉え、個や群で、対極の動きや空間の使い方で変化を付けて即興的に表現したり、イメージを強調した作品にまとめたりして踊ること。	演劇、吟詠剣詩舞

高等学校学習指導要領の主な記述	文化部活動
【芸術】歌唱表現に関わる知識や技能を得たり生かしたりしながら、自己のイメージをもって歌唱表現を創意工夫すること。…創意工夫を生かした歌唱表現をするために必要な、…技能を身に付けること。…（イ）他者との調和を意識して歌う技能	合唱
【芸術】器楽表現に関わる知識や技能を得たり生かしたりしながら、自己のイメージをもって器楽表現を創意工夫すること。…創意工夫を生かした器楽表現をするために必要な、…技能を身に付けること。…（イ）他者との調和を意識して演奏する技能	吹奏楽、マーチングバンド・バトントワリング
【音楽（専門学科）】楽曲の表現内容について理解を深めるとともに、創造的に器楽表現するために必要な技能を身に付けるようにする。…〔指導事項〕（1）鍵盤楽器の独奏（2）弦楽器の独奏（3）管楽器の独奏（4）打楽器の独奏（5）和楽器の独奏（6）様々な形態のアンサンブル	器楽・管弦楽、日本音楽、郷土芸能
【国語】古典を読み、その語彙や表現の技法などを参考にして、和歌や俳諧、漢詩を創作したり、体験したことや感じたことを文語で書いたりする活動。	吟詠剣詩舞
【国語】伝承や伝統芸能などに関する音声や画像の資料を用いることができること。	郷土芸能
【保健体育】現代的なリズムのダンスでは、リズムの特徴を強調して全身で自由に踊ったり、変化とまとまりを付けて仲間と対応したりして踊ること。	マーチングバンド・バトントワリング
【芸術】美術の幅広い創作活動を通して、造形的な見方・考え方を働かせ、美的体験を重ね、生活や社会の中の美術や美術文化と幅広く関わる資質・能力を次のとおり育成することを目指す。…（1）絵画・彫刻…（2）デザイン…（3）映像メディア表現 … 工芸の幅広い創作活動を通して、造形的な見方・考え方を働かせ、美的体験を重ね、生活や社会の中の工芸や工芸文化と幅広く関わる資質・能力を次のとおり育成することを目指す。…（1）身近な生活と工芸…（2）社会と工芸	美術・工芸

高等学校学習指導要領の主な記述	文化部活動
【芸術】書道の幅広い活動を通して、書に関する見方・考え方を働かせ、生活や社会の中の文字や書、書の伝統と文化と幅広く関わる資質・能力を次のとおり育成することを目指す。…（1）漢字仮名交じりの書…（2）漢字の書…（3）仮名の書	書道
【国語】設定した題材について調べたことを、図表や画像なども用いながら発表資料にまとめ、聴衆に対して説明する活動。	写真
【芸術】色光や視点、動きなどの映像表現の視覚的な要素の働きについて考え、創造的な表現の構想を練ること。	
【国語】文章を読み深めるため、音読、朗読、暗唱などを取り入れること。	放送
【情報】文字、音声、静止画、動画などを組み合わせたコンテンツを制作する技能を身に付けること。	
【総則】…伝統と文化を尊重し、それらを育んできた我が国と郷土を愛するとともに、他国を尊重すること、国際社会に生きる日本人としての自覚を身に付けること…	囲碁、将棋
【国語】情報の妥当性や信頼性を吟味しながら、自分の立場や論点を明確にして、主張を支える適切な根拠をそろえること。…多面的・多角的な視点から自分の考えを見直したり、根拠や論拠の吟味を重ねたりして、主張を明確にすること。…自分の主張の合理性が伝わるよう、適切な根拠を効果的に用いるとともに、相手の反論を想定して論理の展開を考えるなど、話の構成や展開を工夫すること。	弁論
【国語】古典の世界に親しむために、作品や文章の歴史的・文化的背景などを理解すること。…時間の経過や地域の文化的特徴などによる文字や言葉の変化について理解を深め、古典の言葉と現代の言葉とのつながりについて理解すること。…古典の作品や文章に表れている、言葉の響きやリズム、修辞などの表現の特色について理解を深めること。	小倉百人一首かるた
【国語】異なる世代の人や初対面の人にインタビューしたり、報道や記録の映像などを見たり聞いたりしたことをまとめて、発表する活動。	新聞

高等学校学習指導要領の主な記述	文化部活動
【国語】本歌取りや折句などを用いて、感じたことや発見したことを短歌や俳句で表したり、伝統行事や風物詩などの文化に関する題材を選んで、随筆などを書いたりする活動。…古典から受け継がれてきた詩歌や芸能の題材、内容、表現の技法などについて調べ、その成果を発表したり文章にまとめたりする活動。…自由に発想したり評論を参考にしたりして、小説や詩歌などを創作し、批評し合う活動。	文芸
【理科】様々な物理現象とエネルギーの利用について、観察、実験などを通して探究し、波、熱、電気、エネルギーとその利用における規則性や関係性を見いだして表現すること。…人間生活の中の化学について、これからの社会における化学が果たす役割を科学的に考察し、表現すること。…生態と環境について、観察、実験などを通して探究し、生態系における、生物間の関係性及び生物と環境との関係性を見いだして表現すること。…地学の基本的な概念や原理・法則の理解を深め、科学的に探究するために必要な観察、実験などに関する基本的な技能を身に付けるようにする。	自然科学

　国語や芸術を中心に、複数の教科との対応関係が明確であり、各教科等での学習内容が文化部活動とつながり、発展的な学習機会となっている。また、本章では言及していないが、専門部のほかに全国高等学校総合文化祭では協賛部門（例えば、2017（平成29）年：特別支援学校・ボランティア・軽音楽・工業、2018（平成30）年：特別支援学校・ボランティア・軽音楽・ダンス・産業（工業、家庭、農業、商業）・人形劇、2019（平成31）年予定：特別支援学校・ボランティア・茶道・郷土研究）がある。さらに、表に示されていない各教科（地理歴史、公民、数学、外国語、家庭など）に関連した文化部活動（例えば、鉄道研究、アマチュア無線、計算技術、JRC、手芸など）があることも加味して考えれば、文化部活動と教育課程とは強く関連している。まさに、「学校教育の一環として、教育課程との関連が図られる」文化部活動であると捉えることができる。

(2) 文化部活動と博物館との連携

　次に、社会教育施設との連携に着目する。筆者が社会教育施設の一つである博物館対象に実施した調査結果[6]をみると、文化部活動との具体的な連携状況がみえてくる。以下、博物館職員対象のインタビュー記録を紹介する（下線は筆者が付記）。

歴史博物館（埼玉県）
　<u>吹奏楽部</u>。クリスマスイベントで何かできないかということがありまして、地元の高校、中学校にちょっと声をかけさせていただいて、「博物館で演奏してみませんか」と。ご来館いただいて、<u>館内でクリスマスの雰囲気を出すために演奏を行っていただいて</u>。ヒストリーゾーン、…大きな鉄道車両が36台並んでるんで、<u>結構反響がいいので、演奏の場所として非常に適している</u>。A高校吹奏楽部が演奏されたりですとか、B高校が演奏されたり、前はC高校の和太鼓がイベントで。

美術博物館（長野県）
<u>「諏訪湖まちじゅう芸術祭」の時に、D高校の茶道部の方たちが、毎年ここに来てお茶をたててくださるんですね</u>。そのD高校と結構交流があったりするものですから、学校の方から、ボランティア体験というか、社会活動として、何かできないかっていうふうにお声掛けをいただいたときに、<u>小中学生対象のイベントのサポートをしてもらったというのがあります</u>。

水族館（茨城県）
　地元の<u>高校と連携</u>、簡単に言うと、館内の生き物を紹介するクイズみたいなのを、水族館に来た来館者向けにやっていくという形で、それは子どもたちが自分たちで紹介したい生き物を見つけて、それについて調べて、紹介するための子ども向けのクイズを作るというような形で実施して。…<u>生物学部の生徒さん</u>とか、あとは任意に募集をかけて、興味持

って来てくれた方という形で。

　これらのインタビュー記録から、音楽と博物館という一見すると結びつかないように思われる両者が、実は相性がよく、非日常性を演出することに有効であることが示されている。また、茶道を通して培った"おもてなし"の精神・文化を供出することで芸術祭に彩を添え、かつ、社会貢献ができることが明らかにされている。さらに、水族館の主催イベントに生物学部の専門性を活かして参加・協力し、また、部員以外の生徒に対しても門戸を開くことで、活動機会を拡大する役割を果たしている。

　文部科学省調査[7]では、「博物館」1,256施設中360施設（約29％）でボランティアが「各種講座等教育普及事業の補助・企画」していること、「劇場、音楽堂等」1,851施設中395施設（約21％）で「主催事業（講座等）の運営支援」、同140施設（約8％）で「自主企画事業（講座等）の実施」にボランティアが携わっていることが明らかにされており、博物館等社会教育施設との連携が可能な状況にある。文化部が地域に密着した活動を日常的に展開することで、「社会に開かれた教育課程」を具現化することになる。

　教育課程との関連、社会教育施設等との連携、この2つの観点は、高等学校はもちろん、中学校の文化部活動についても同様に捉えることができる。

4．生涯学習の礎としての文化部活動

　文化部活動に所属する生徒にとって、日頃の学習成果を発揮する場が日常的に地域にあることは、日々の取り組みへの活動意欲を高く保持することになり、また、場数を踏むことで自ずと質的に技能向上を図ることにつながる。文化部活動を通して修得したノウハウやスキルを、学習成果として社会に還元することができれば、主体的に社会に関わろうとする社会参画意識を涵養することになる。また、文化部活動での基礎

的・基本的な学びを基盤に、それを発展的・専門的に継続して、学びを深めていく生徒が現れることも考えられる。換言すれば、文化部活動経験が進学や就職、あるいはその後の生き方に影響を与えることも想定され、キャリア教育の一環としてキャリア形成意識の育成にも寄与する。さらに、文化部活動の取り組みを通して自己理解を深めるとともに、同級生や先輩・後輩、教師等指導者など学校内の人間関係形成の在り方について学び、また、地域での活動を通して普段関わる機会の少ない他者や異年齢世代との交流が可能になる。そうした学校内外の様々な人々との対話を通して社会で求められる言動や立ち居振る舞いなどを学ぶことは、規範意識を醸成することになる。

　高等学校学習指導要領への期待が、前文の中で「幼児期の教育及び義務教育の基礎の上に、高等学校卒業以降の教育や職業、生涯にわたる学習とのつながりを見通しながら、生徒の学習の在り方を展望していくために広く活用されるもの」（中学校学習指導要領もほぼ同様の記述）と示されているように、学校在学中だけではなく、生涯学習社会での学びを支えることが求められている。その意味では、文化部活動を通して、「主体的・対話的で深い学び」を進める過程で育む社会参画意識、キャリア形成意識、規範意識は一人の市民として生活していくために必要な市民性である。それは同時に、生徒が、将来様々なライフステージにおいて、多種多様な学習機会に積極的に関わることを支え、生涯学習の礎にもなるものである。そうした市民性の育成や生涯学習社会を生きる素養の涵養に資する文化部活動の有する教育効果は大きい。

注
(1) 国立青少年教育振興機構『子供の頃の体験がはぐくむ力とその成果に関する調査研究報告書』2018（平成30）年
(2) ベネッセ教育総合研究所『「第5回学習基本調査」報告書〔2015〕』2016（平成28）年
(3) 内閣府『文化に関する世論調査』2016（平成28）年

(4) 文部科学省「平成 28 年度子供の学習費調査の結果について」2017（平成 29）年
(5) 公益社団法人全国高等学校文化連盟
　　http://www.kobunren.or.jp/(最終閲覧日：2018（平成 30）年 9 月 3 日)
　　中学校においては、全国中学校文化連盟があり、高等学校と同様に「全国中学校総合文化祭」などが開催されている。
(6) 林幸克「高校教育における社会教育施設の活用に関する実証的研究―博学連携に着目した考察―」『明治大学人文科学研究所紀要』第 82 冊、2018（平成 30）年
(7) 文部科学省『平成 27 年度社会教育統計（社会教育調査報告書）』2017（平成 29）年

第3章　文化部活動の実践とその課題
第1節　スポーツ系文化部「競技かるた部」

元私立高等学校教諭　由井　一成

1. はじめに

　読者の皆さんは「かるた」と聞けば何をイメージするであろうか。正月に親戚一同が集まる中で、子どもたちが丸くなり、「いろはかるた」で遊ぶ情景を思い浮かべた人が多かったかもしれない。その一方で、百人一首の札を並べ1対1で向き合う選手が、読手の声に耳を傾け、目にもとまらぬ速さで激しく札を取り合う「競技かるた」の場面を想像した人もいたのではないだろうか。実はこの競技かるたが昨今の部活動の間で密かなブームとなっている。文化部としては珍しく、囲碁や将棋と並んで明確に勝ち負けが決まる勝負の世界であり、また百人一首という雅なイメージとは裏腹に、知力と体力を振り絞って戦うその姿は「畳の上の格闘技」とも称されている。

　筆者も大学時代は競技かるたに真剣に取り組み、2007年度に私立高校の教員に着任して以降は指導者としてかるたの世界に関わり続けている。そして過去10年ほどのかるた界は、急速な競技人口の増加に伴い、想像を絶する変革の時代を迎えることとなった。部活動としての競技かるたも言うに及ばず、よい意味でほのぼのとした雰囲気の漂っていた高校かるた界も、今では多くの新たな課題と向き合いながら様々な取り組みが要求されるまでに至った。

　この節では、スポーツ系文化部としての知名度を飛躍的に上げつつ、十分な組織体制の構築を待つ間もなく一大ムーブメントを巻き起こすこととなった高校かるた部について、まずは競技人口拡大の実態を具体的に紹介する。その後高校かるた界が抱える諸課題について、特に高校レベルや県レベルでの問題を指摘した上で、その問題解決に向けた県とし

ての取り組みについて、筆者が長く携わっている神奈川県を例に紹介する。文化部が抱える課題の一端をお伝えするとともに、活動の充実を無理なく実現する方策の一つとして参考にしていただければ幸甚である。

2. 競技人口の推移:「ちはやふる」ブームが招いたビッグバン
(1) 神奈川県内の高校生

　運動部における公益財団法人全国高等学校体育連盟(高体連)と同様に、文化部には公益社団法人全国高等学校文化連盟(高文連)が存在する。演劇、合唱など規定 19 部門があり、小倉百人一首かるたもその中の一つとなっている。それぞれの都道府県には全国高文連の下部組織があり、神奈川県であれば神奈川県高等学校文化連盟(以下「神奈川県高文連」)という名称で活動を行っている。神奈川県高文連には全国の規定 19 部門に県独自の 7 部門も加えた全 26 部門が置かれている。各部門には専門部が設置され、各校の該当の文化部を統括する組織として機能している。かるた部に関して言えば神奈川県高文連かるた専門部がその役割を担っている。なお、その構成員は各校のかるた部顧問をはじめとする高校の教員である。

　神奈川県内の競技かるた人口の急増はこの 10 年間で著しく、特に漫画『ちはやふる』(末次由紀著)が 2009 年に第 2 回マンガ大賞において大賞を受賞して以降は増加の一途をたどっている。大会参加者数の変遷について紐解くこととしよう。神奈川県高文連かるた専門部が毎年 12 月に主催し、高校 1・2 年生が主に参加する高等学校かるた大会への申込人数は、2008 年度が 33 名であったのに対し、2017 年度は 256 名へと増大している。また同じくかるた専門部が新たに競技かるたを始めた選手の登竜門として毎年 6 月に開催するルーキー大会は、プレ大会として初めて開催した 2013 年の申込人数が 66 名だったのに対し、2018 年度は 229 名とやはり極端な変化が見られる。

　かるた部の創設も県内の高校で相次いだ。その一端を示すものとして、「かるたの甲子園」と称される全国高等学校小倉百人一首かるた選手権

表1:神奈川県の大会申込者数・申込校数の推移

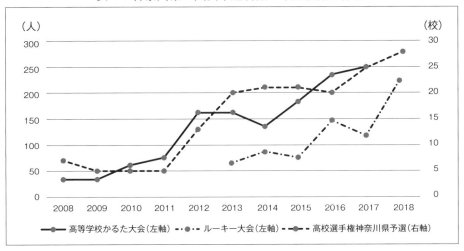

表2:全国高校選手権大会個人戦参加者数・団体戦参加校数の推移

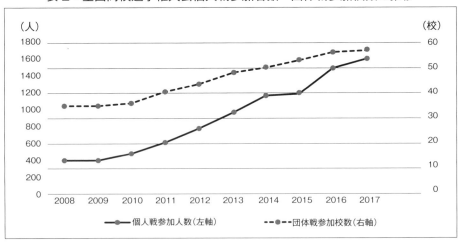

大会(以下「高校選手権」)団体戦の神奈川県予選への出場校数を比較してみる。団体戦は1チーム3名から8名の選手で構成され、各校から1チームのみ出場することができるが、2008年度は7校、2009年度に至っては5校の出場であったのに対し、2018年度は28校に増加

した（以上、表1参照）。なお、この10年間で神奈川県高文連主催の大会に1度でも参加したことのある学校は、手元の資料に基づけば66校に上る。2018年現在の神奈川県内の高等学校および中等教育学校の数が243校であることから[1]、4分の1以上の学校が何らかの形で神奈川県高文連かるた専門部と関わりをもったことになる。

(2) 全国の高校生

競技人口の増加に関して、全国にも目を向けてみよう。先に紹介した高校選手権の団体戦は、各県から代表校1校が出場するのが原則である。ただし各都道府県予選の参加校が10校を超えると、翌年から当該都道府県の代表校の枠が2に増える。2009年度は31都府県から34校が出場したのに対し、2017年度は新潟と高知を除く45都道府県56校に海外の日本人学校1校を加えた57校が出場している。このように競技かるたの人口は全国、さらには海外に広がっている。前年度予選における出場校が10校以上だった都道府県も、2009年度が3都県（東京、静岡、宮崎）であったのに対し、2017年度は11都府県（上記の他、栃木、群馬、埼玉、千葉、神奈川、大阪、兵庫、福岡）に拡大している。なお2018年度はさらに広がり15都府県（上記の他、茨城、長野、京都、広島）となっている。

また高校選手権では個人戦も開催されており、こちらの参加人数も急激な増加が見られる。個人戦は県内での予選はなく、出場希望者は参加することができるものとなっている。2009年度の参加者は399名であったが、2017年度はその数が1,615名となっている（以上、表2参照）。

このように競技かるたの普及は全国規模のものとなっており、特にこの10年間の動きは競技かるたビッグバンと呼べるものである。マイナーな部であったかるた部が各地域においてその知名度を拡大し、競技人口を爆発的に増加させたことは、古くからの競技かるた関係者にとっては大変喜ばしいことである。その一方で、教員の体制という観点においては、突然の人気を手放しでは喜べない実情も存在する。

3. 競技人口の増加がもたらした課題
（1）学校レベルでの課題
①指導者の不足
「競技かるたを始めたい」という生徒が集まり、新規にクラブを発起したとしても、その学校に競技かるた経験者がいるというケースはほとんどない。マイナー競技ゆえの宿命といえよう。急速な競技人口の増加は、そのまま指導者の不足という形で問題が露呈することとなった。

　文化部の場合、担当教科と関係のあるものや比較的認知度が高いものも多く、教員の中から経験者が見つかりやすいという場合も多い。経験者がいない場合でも、メジャーな分野であればコーチとして外部人材を招聘しやすい。またマイナーなものであっても、学内に歴史があればOB・OGがコーチや嘱託顧問として携われるケースもある。競技かるたの場合、部活動としての歴史がある学校はまだ一握りで、教員はおろかOB・OGに頼るということもできない中、指導者不在で活動を開始する学校は少なくない。マイナー競技がメジャー化する過渡期に起こる深刻な悩みである。

　活動内容が学校内で収まるものであれば、あるいは多様な評価が可能なものであれば、指導者がいない場合でもまだ対応がしやすい。しかし競技かるたの場合は対外試合が頻繁にあり、また勝敗が明確に決するものであり、その点において運動系の部活動に類似している。文化部であるからといってかるた部の顧問を安易に引き受けると、お門違いの運動部の顧問になった時と同様の苦難を経験することになり得る。それどころかマイナーゆえに相談する相手もおらず、生徒より知識も実力も乏しい教員は次の一手をどう打てばよいか分からず、ただ右往左往してしまうということも起こりうる。

②保護者対応
　これに付随する課題として、保護者対応の難しさがある。知名度が低かったがゆえに、顧問以上に保護者に知識がないことが少なくない。実際にご自身の子どもがかるた部に入部したと聞いた時、どの程度の活動

量、どの程度の金銭負担、どの程度の怪我のリスクを想像するであろうか。冒頭に投げかけた「『かるた』と聞いて何を想像しますか」という問いに、いろはかるたを想像した方はもとより、競技かるたをイメージした方であっても、年間を通して毎月数回は大会に参加し、部員の誰かが勝ち進めば夜遅くに帰宅する、という活動実態を想像する人は決して多くないのではないだろうか。金銭面に関しては、時として年間10万円程度の負担を要するものであると想像した方もごく少数だろう[2]。さらには膝や足の甲が1年中あざだらけとなり、事あるごとに突き指をして湿布やテーピングが手放せず、挙げ句の果てには手指を骨折し外科に通うことになるなどと予測する人は皆無に近いと思われる。しかし実はかるたとはそれぐらい過酷な競技なのである。

　競技かるたについて無知の教員が、事前に保護者に対し詳細な説明をすることは決して容易なことではない。何年か顧問を経験しても予期せぬトラブルに直面することはしばしばある。歴史がなく情報自体が少ないと、あらゆる想定外の事柄が発生する。しかしたとえ教員が保護者と同等に知識がなかったとしても、顧問という立場上、時として保護者に対し説明を迫られることもある。

(2) 県レベルでの課題：専門部メンバーの不足

　神奈川県高文連かるた専門部に目を向けると、ここでも深刻な人手不足が問題となっている。先にも述べた通り、かるた専門部は各校の顧問を中心とした教員によって構成される。しかし顧問が自動的に構成員になるわけではなく、あくまで県高文連が主催するかるた事業にスタッフとして関わる意志のある教員が自主的に名を連ねるという種類のものである。良くも悪くも強制力が働かないため、組織のマンパワーという点では極めて不安定な状況を強いられる。

　実際、競技人口がこの10年間で激増したにも関わらず、組織を構成する教員の数は、退職や海外派遣、病気休職者が相次いだこともありむしろ減少傾向にある。そもそも競技かるた経験者の絶対数が少ないため、門外漢の専門部に自ら手を挙げて入ろうとする人は皆無で、どれほど窮状を訴えても極めて薄い反応しか得られなかった。個別に声をかけた場合も、多忙感から勤務校の顧問で手一杯とばかりに専門部メンバーとなることを拒まれたり、本人が乗り気であっても管理職から拒否をされたりというのが実態である。

　今後、競技かるた経験者が教員となり専門部に携わってくれることへの期待は高まりつつある。しかし希望的観測に頼るのはリスクが高い。専門部への強制加入制度を設けるというのも、教員の過労が社会問題化している現状において現実的ではなく、そもそも強制加入という仕組み自体が部活動に関わる事業としてはふさわしくない。一方で専門部に名を連ねる教員が結果的に自由意志という建前の下、ハードワークを強いられることとなっている実態にも目を背けてはならない。

　以上のように、スポーツ系文化部の課題の一つとしては、運動部に起こりがちな未経験者顧問の問題とそれに付随した保護者対応の困難さが挙げられる。加えて急速なメジャー化によって生じた専門部の疲弊も問題の一端として指摘される。次節ではこれらの問題を解消する一案として、神奈川県高文連かるた専門部の実際の取り組みを紹介する。

4. 課題克服に向けた実践例：県主体での取り組み

（1）卒業生の活用

　かるた専門部のマンパワー不足に対しては、まず関与する人の枠組みを広げることが第一歩である。すなわちこれまで専門部の教員が実施していた活動について業務の仕分けを行い、「教員でなければできないこと」と「教員以外でもできること」の棲み分けを明確にする。そして後者、具体的には専門部主催大会の運営スタッフや県全体で実施する合同練習会での指導については、積極的に外部人材を登用するのである。

　その際に最も適任となるのが卒業生で、現役生徒との関係性も近く、技術指導についても頼ることができる。何より最近まで自分自身が参加していた大会や練習会に立場を変えて参加するという形になるので、全体像をある程度理解した状態で寄与してもらうことが可能である。またＯＢ・ＯＧがかるた専門部の活動に積極的に携わっている姿を現役生徒に見せることで、「次は自分たちがその役割を担う」という自覚をもたせることも可能になり、継続的なバトンの受け渡しを期待することができる。

　実際に神奈川県では、2016年度の途中から「かながわユースかるたアカデミー」という卒業生によるボランティア団体が発足し、かるた専門部の活動に深く関与している。以前より大会運営スタッフや合同練習会の指導者としてＯＢ・ＯＧには活躍してもらっていたが、事務局長をはじめ必要な役職を設置し、形ある組織として発足させたことで、より永続的で安定的な活動が見込めるようになった。

　ＯＢ・ＯＧを積極的に起用するとしても、一切の作業を丸投げすることはできない。外部団体との連携の際には例外なく必要となる橋渡し役の存在がここでも鍵となる。現職教員である専門部メンバーが負担なくその役割を担える場合はスムーズな連携が可能であろう。そうでない場合も、卒業生との信頼が築きやすく部活動の事情にも精通している旧教職員などを登用することができれば、全体としてマンパワー不足を解消することができる。かながわユースかるたアカデミーにおいても、筆者

がスーパーバイザーとしてその役割を担い、かるた専門部の教員との連携を図っている。

(2) 合同講習会の実施

　競技かるたでは高校の枠組みを超えた一般大会への参加機会も多い。したがってルールやマナーに関する指導も事前にしっかりと行う必要がある。一方で未経験者の顧問が多数を占める中で各学校に指導を期待するのは困難である。新規設立したクラブにおいては先輩からの指導という形も期待できず、経験者がいた場合もその個人の基準に則ったルールやマナーの指導が行われるため、学校ごとに差異が生じてしまう。

　そこで神奈川県高文連かるた専門部では、新人を対象とした6月のルーキー大会（個人戦）において、神奈川県の高校かるたにおけるスタンダードを明示した上で、開会式直後にはルールとマナーに関する講習会を参加者全体に向けて実施している。また試合終了後には、ＯＢ・ＯＧによる少人数での講習会も実施し、実際に試合を見た上で個別具体的な指導を行い、ルールの習得やマナーの向上を目指している。

　同様の取り組みは12月に行われる高等学校かるた大会の団体戦の部においても実施している。この大会は各学校にとって団体戦新チームの船出となる1日である。ここでもルーキー大会と同様に、開会式のあとに団体戦におけるルールとマナーに関する全体講習会を、また試合終了後にＯＢ・ＯＧによるグループ講習会を実施している。

　このように県として基準を明示し、全体に対して指導する機会を大会の中に設けることで、指導者不在の学校に対してもルールやマナーを浸透させるよう努めている。またＯＢ・ＯＧに指導的役割を与えることで、彼らも改めてルールとマナーについて学習し、以後、後進を指導する場面で生かしてもらうことも併せてねらいとしている。

　上記(1)(2)に共通して大切なことは、自分の母校に限定されない関わりを生み出すという点である。かるた部が新規発足した学校に対し県レベルで等しく活動を支援するためにも、卒業生には県組織の一員とし

て、学校の枠組みを取り払った形で協力してもらうことが重要となってくる。部活動の先輩後輩という縦のつながりでもなく、同学年同士という横のつながりでもなく、他校他学年との関係性、いわゆる「ナナメのつながり」を構築することが、県全体の活動を円滑にさせていく上で欠かせない。このチーム神奈川としての関係づくりが奏功すれば、県内の高校における競技かるたの輪がひずみのない形で広がっていくことが期待される。

(3) 保護者との関係構築

　では競技かるたへの知識のない保護者に対しては、どういった対応が考えられるであろうか。保護者対応という点では問題の所在も多様で、また保護者自体も多様であることから一概に論じることはできない。しかし何かしらの提案を行うとすれば、保護者にもかるたを好きになってもらうことの重要性を指摘したい。我が子が一生懸命競技かるたに取り組み、その結果として一定の成果を上げたとすれば、保護者としても競技かるたがもたらす教育的効果や自己肯定感の涵養という側面に対し、前向きな評価を示すであろう。

　その取り組みの一つとして、神奈川県高文連かるた専門部ではルーキー大会に参加した全選手を表彰している。この大会では４人で構成されるブロックの中で総当たり戦を行い、１位から４位を決定する。そして全員にその順位の入った賞状を渡すのである。入学後に競技かるたと出会った生徒にとって、約２か月後に行われるデビュー戦は緊張の連続であろう。勝ち負け以上に参加することに意義のある大会といえる。競技かるた人生の第１章となる大会において表彰状という形に残るものを手にすることは、選手にとっては記念となるであろう。

　そして何より、保護者にとっても思い出深いものとなる。大会に参加し賞状を持って帰ってきた姿を見れば、競技かるたに取り組む我が子を応援したくなる。当初は「競技かるた」という未知の存在に対し訝しい思いをしていた保護者も、この賞状１枚がきっかけとなり、競技かる

たそのものに対して肯定的なイメージをもつに至ることもあろう。そうなれば保護者と顧問との良好な関係性も構築しやすくなり、円滑な部活動運営に一歩近づくこととなる。このように県としては保護者のハートを掌握することにも重きを置いているのである。

5. おわりに

　部活動は学校教育に位置付けられていることから、往々にして学校組織の枠内で全ての問題を解決しようとしてしまう傾向が強い。しかし周囲を見渡せば「協力したい」という人は必ずいる。OB・OGや保護者、外部指導者といった人材をいかに有効な形で巻き込むかが今問われている。競技人口が急増し、部の発起が各校で相次いだ結果、指導者の不足が課題となった際には、まずは「学校」という壁を超えて、地域や県といった大きな枠組みで取り組みを実行していくことが求められよう。そしてその取り組みを土台としつつ、やがて各学校が自主、自立していくことができれば、問題解決に向けた歩みを進められるのではないだろうか。神奈川県の実践例がそのモデルの一つとなることを願いつつ、今後もかるた部の普及拡大とかるた専門部の健全な運営の実現に向け、努力を重ねていきたい。

注
(1) 神奈川県教育局総務室「神奈川県公立学校名簿」(2018年6月21日) http://www.pref.kanagawa.jp/docs/u5t/gakkoumeibo/index.html、神奈川県福祉子どもみらい局　子どもみらい部私学振興課「神奈川県私立学校名簿」(2018年5月2日) http://www.pref.kanagawa.jp/docs/v3e/kihonteikyo/meibo30.html
(2) 競技かるた部における金銭的負担の具体的事例については、拙稿「スポーツ系文化部の苦悩と希望：畳の上の格闘技・競技かるた」『季刊教育法』No.196 (2018) p.37 参照。

第3章 文化部活動の実践とその課題
第2節 文化の伝承「礼儀と部活動」

岐阜大学准教授　**柴崎　直人**

　日本の伝統文化に関する部活動について、この節では礼儀と部活動に関する実態を手掛かりとして、その現状と課題、そして解決に向けた方策を検討する。具体的にはまず日本の学校教育において扱われる伝統文化の領域と部活動、そして礼儀の部活動の実践について述べる。その後に実践などから得られた諸課題を示し、解決に向けた方策を検討する。

1．日本の伝統文化と部活動
（1）日本の伝統文化と部活動の種類

　日本の伝統文化に関する部活動は全国の学校に多種多様に存在している。「和文化教育」を提唱する中村哲は、日本の伝統文化を学校で扱うときの概念である「和文化」の領域として、次のものを挙げている。
「茶道、華道、書道などの芸道文化。能、狂言、歌舞伎、人形浄瑠璃、音楽、舞踊などの芸能文化、浮世絵、版画、陶磁器、漆器などの美術・工芸文化。物語、和歌、俳句、川柳などの文芸文化。落語、漫才、講談などの話芸文化。相撲、柔道、剣道などの武道文化。着物、染織などの衣文化。日本料理、伝統食、和菓子などの食文化。住宅、城郭、寺社、家具などの住文化。冠婚葬祭、礼儀作法などの儀式文化」（中村哲「文化創造としての和文化教育の出航」,中村哲編著『和文化の風を学校に』明治図書 2003,p32）

　筆者はこれに囲碁、将棋などの遊戯文化を加えたい。これらの遊戯は古くから日本人に愛され、江戸期には幕府の庇護を受けるなどして文化史的な価値をもっており、現代においてはコミックやアニメなどのサブカルチャーやインターネット文化において若年層を中心に新たな広がり

表：日本の伝統文化領域と部活動

文化領域	内容	部活動名称例
芸道文化	茶道、華道、書道	茶道部、華道部、書道部、香道部
芸能文化	能、狂言、歌舞伎、人形浄瑠璃、音楽、舞踊	筝曲部、和太鼓部、邦楽部、落語部、吟詠剣詩舞部
美術・工芸文化	浮世絵、版画、陶磁器、漆器	陶芸部
文芸文化	物語、和歌、俳句、川柳	古典部、文芸部
話芸文化	落語、漫才、講談	落語研究部
遊戯文化	囲碁、将棋、かるた	囲碁部、将棋部、競技かるた部
武道文化	相撲、柔道、剣道、なぎなた	相撲部、柔道部、剣道部、空手部、なぎなた部、古武道部
衣文化	着物、染織	和装部、手芸部
食文化	日本料理、伝統食、和菓子	生活科学部、菓子研究部
住文化	住宅、城郭、寺社、家具	郷土研究部、歴史研究部
儀式文化	冠婚葬祭、礼儀作法	礼法部
その他		日本文化部、伝統文化部

※中村（2003）の分類を元に柴崎作成

を見せるなどの特徴をもっており、学校教育における日本の伝統文化を考察する手掛かりとしては看過するに困難と考えるからである。それらの伝統文化と実際の部活動での活動名称を一覧するものが上の表である。

(2) 日本の伝統文化と部活動の活動内容

日本の伝統的な文化に関わる部活動（以下「伝統文化的部活動」）は多様であり、その活動内容と活動形態も多岐にわたる。ここでは理解と検討の簡潔な進行を目的として、各領域内容の特質に応じて系統的な分類を試みたい。ここでいう「特質に応じる」とは、その領域の活動成果を主としてどのような活動を通じて確認し得るか、という意味である。

①競技系部活動

まずこれらの部を「競技」という特質で分類する。部活動の成果を主

として他の活動者との競技を通して判定する部活動がこれにあたる。すると競技系部活動の内容として相撲、柔道、剣道、なぎなた、囲碁、将棋、かるたなどが挙げられる。主に武道文化、遊戯文化の領域に属する活動である。
②表演系部活動
　つづいて「表演」の特質で分類する。部活動の成果を主として観客の前で演じ、その反応を通して判定する部活動がこれにあたる。表演系部活動の内容としては能、狂言、歌舞伎、人形浄瑠璃、音楽、舞踊、着物などが挙げられる。主に芸能文化の領域に属する活動である。ただし、剣道や柔道などの武道系部活動において、居合をはじめ演武という表演活動を含有することもある。
③創作系部活動
　さらに「創作」の特質で分類する。部活動の成果を主として創作によって生成された成果物によって判定する部活動がこれにあたる。創作系部活動の内容としては華道、書道、浮世絵、版画、陶磁器、漆器、物語、和歌、俳句、川柳、日本料理、伝統食、和菓子などが挙げられる。主に美術・工芸文化、衣文化、食文化の領域に属する活動である。
④研究系部活動
　そして「研究」の特質で分類する。部活動の成果を主として各種文化財等の調査・観察などによる研究の成果物によって判定する部活動がこれにあたる。研究系部活動の内容としては住宅、城郭、寺社、家具などが挙げられる。作品を鑑賞し批評する活動などもここに分類される。「○○研究部」などの各種研究活動もここに属する。
⑤交接系部活動
　最後に「交接」の特質で分類する。部活動の成果を主として他者との交接の結果を手掛かりに判定する部活動がこれにあたる。交接系部活動の内容としては茶道、礼儀などが挙げられる。芸道文化、儀式文化の領域に属する活動である。また表演系や創作系とも深く関わりをもつが、活動の主目的が「他者との交流」にあることが重要な点である。

以上の分類はあくまでも便宜的なものであり、実際の伝統文化的部活動においては単独でなく複数の活動が並立している状況がままみられる。

（3）日本の伝統文化と部活動の指導者
　研究系部活動においては書籍や現地調査を手掛かりとすれば児童生徒（以下生徒）自身で研究の「材料」を発見、調達することが可能である。また研究の進め方や研究に必要な知識の集め方、広げ方は学校に所属する教員が自身の知見を基に指導することが可能と考えられる。競技系活動の囲碁や将棋、創作系活動の日本料理、俳句、川柳など、比較的身近に存在するともいえる領域ならば、教員によっては指導が可能となる場合もあるだろう。ところが既出の諸活動の多くは、その活動を始めるにあたって相応の専門的知識や技能を必要とするものである。見よう見まねでも活動できないことはないが、日本文化の一領域としての本質にそれで迫ることが叶うかといえばどうであろうか。やはりそこにそれぞれの領域の専門家が関わっていることで、伝統文化の学びの質が担保されると考えることが一般的であろう。茶道の教授やかるたのＡ級公認読手といった、伝統文化に関する組織における上級の教導的資格をもつ学校教員と生徒が出会える機会が皆無に等しいことは想像に難くない。このような事情から、外部の専門家に協力を仰ぐことは必然といえる。

2．礼儀に関する部活動における実践
（1）礼儀に関する部活動
　伝統文化的部活動の諸課題を考察するにあたり、筆者自身の実践を手掛かりのひとつとして提供したい。筆者は私立の男子中高一貫教育校の出身であり、私立女子中高一貫教育校勤務を経て現在は大学教員となっている。自身の部活動体験を振り返れば、中学生では武道系の部活動、高校生では二つの文化系の部活動を掛け持ちしていた。それらの活動に共通する印象は「部活動は活動したい者が自主的に企画し楽しんでやるもの」というものであった。そんな筆者の初任は首都圏の私立の中高一

貫教育女子校でもちろん部活動の指導も初めてであった。
①赴任初年度に礼儀部顧問を拝命
　私立中高一貫教育校に勤務することとなった筆者だが、その所属は高等学校である、任された部活は礼儀作法に関する部活動であった。仮に「礼儀部」と呼ぶことにする。この勤務校は、日本文化教育を教育課程の重要な柱として位置付けている私立学校であり、授業にも日本文化に関する科目名が多く見える。筆者は礼儀作法文化に詳しいという触れ込みで赴任したため、自動的に「礼儀部」の担当となった。
②赴任当時の礼儀部の活動内容
　当時の礼儀部は「礼儀作法文化に詳しい二人の先任教員と筆者の、合計三人が「顧問」となり、週に一回、放課後の活動をしていた。その活動内容は、着物を着用して煎茶の点前をする稽古ばかりであった。礼儀部の指導を以前から中心的に行っていた顧問（教員Aとする）に尋ねると、礼儀部は茶と着物をやるのだという。生徒もAの命ずるままに右に左に動いているばかりである。部活動というよりも、カルチャースクールの煎茶着付教室に迷い込んだような雰囲気であった。年間指導計画などの書類は存在していなかった。
③初年度の文化祭で
　礼儀部の年間活動のメインイベントは11月の文化祭である。部活動のイベントはこれのみである。生徒はひたすら一年間着付と煎茶の稽古を重ねて文化祭で発表する。客を和室に集めて着物を着て煎茶を振る舞う。ただそれだけである。文化祭の準備にあたっても、通常の活動日と同様にAの命ずる通りに生徒が動き、せかされ、怒鳴られている。初めての文化祭ということで勝手が分からない筆者も同様に動かされていた。三十畳敷の和室にお客を呼んで、煎茶を飲ませて送り出すという作業を午前と午後に二度ずつ行う。よく分からないままに初年度は終わった。
④赴任2年目に自主性を重視した活動内容の改革
　着付ばかりの内容と教員主導の活動に疑問と危惧を感じた筆者は、部

活のカリキュラムを改訂しようともうひとりの顧問であるBに図った。Bは「どうぞどうぞ」と賛成してくれた。そこでBを巻き込んでAを説得し、礼儀に関する様々な技能や作法について一通りなぞれるように、年間のカリキュラムを筆者が組んだ。その際に部活動になんとしても組み込みたかったのが自主性である。教員の操り人形ではなく、生徒自身で何かを企画し、手足を動かしてやりとげる喜びを感じてほしかった。そして生徒もそれを望んでいるに違いないと考えていた。

　当初は「高三がカリキュラム通りに後輩に教えればよいだろう」と考えていた。そして年間カリキュラムを渡してこれを後輩に教えるようにと高三に指示をした。しかし、彼女らは動かなかった。どうやら彼女らは何をすればよいのか分からないらしい。カリキュラムを印刷して配布することも、後輩をいくつかのグループに分けてそれぞれに先輩を配置させ責任をもたせることも思いつかないし、どんな工夫をすればよいか想像できなかったのだ。「他の部活のやり方を見て、応用してみたらどうだろう」と助言したが、それに対する生徒らの反応は、「来たばかりでこの学校の部活のこともよく知らないクセに」であった。

　このような経緯で高校3年生からは、「何もしてくれない先生」という評価をもらった。彼女らにしてみれば、筆者はカリキュラムを示すだけで何もしてくれない、冷たい顧問なのだった。

⑤初めての夏合宿

　生徒たちの自主性を発揮できるような工夫はないだろうかと考えて、夏季休業中の合宿に思い至った。筆者への態度がぎくしゃくしている部活動の四役（主将・副主将・書記・会計）を呼んで、合宿の案について話を進めていった。生徒たちはどうやら全ての計画を自分らでやらねばならないことに気付き始めると、徐々に態度を硬化させていった。

　そこで筆者は「一緒にアイデアを出す」という形を取り、彼女らに合宿計画のノウハウを教えることから始めた。そんなこんなで3泊4日の合宿は無我夢中であった。後に生徒がそれなりに楽しみ、それなりに充実した、と言ってくれた初めての合宿だったが、筆者はこの合宿が成

功したのか失敗したのか、今でもよく分からない。

⑥２年目の文化祭

　この合宿でみっちりと練習を行い、文化祭に臨んだ。今年は従来と違い、「結納式の儀礼」の表演である。ある大名家の結納の儀式を寸劇形態で行うというもので、もちろん初めての試みだ。部屋の飾り付けや衣装の手配、プログラムの作成などの細かい準備を、今年度は生徒の手でさせたかったのだが、これがなかなかうまくいかない。去年まで教員主導で行っていたため、どこでどう道具や材料を入手して、飾り付けや練習をどのように進行させていけばよいのかが分からないのだ。合宿のときのように四役での話し合いが何度も繰り返しもたれた。この四役の話し合い、というのも以前は全く存在していなかったようだ。そのため話し合いといっても、どのように話し合いを進行させればよいのか、というところから指導する必要があった。そうでないと、いつまでも「井戸端会議」をやっている。やはり学校教育で何らかの機会と場を与えて育てて行く必要があるのだな、と痛感したものである。

　文化祭も混乱のうちになんとか終了した。生徒自身はこの文化祭が充実して成功したと感じているようだった。筆者自身は成功なのか失敗なのか、またしてもよく分からない。それを考えているうちに、生徒が成功と感じる部分と、筆者が成功と感じる部分が違うのではないかと思うようにもなった。

⑦赴任３・４年目

　３年目の部活動は、２年目よりも楽に進めることができた。過去の先輩の苦労を、下級生がつぶさに見ているのが大きく、どうすればよいかを話し合うという土壌も自然にできつつあった。そこで筆者は、これをもう一歩進めて、部活動の活動マニュアルづくりを提唱した。どんな点で苦労したのか、それを解決するためにどのようなことをしたのか、そんなことを書面に残したらどうかと勧めたのである。この作業をきっかけとして、今後の部活動を生徒自身で決めていってほしい、という気持ちもあった。後輩に残すものをつくる、という使命感のようなものも手

伝ってか、みな前向きに作業を進めていた。
　その中でも2年生のC子の活躍は3年生の評価を獲得していった。同級生の一部には先輩にかわいがられるC子をねたむ者もいたが、文化祭の終了後にC子は先輩の指名により主将になった。翌年の夏の合宿もうまくいった。しかし全てが円満に進んだわけではない。合宿も終わり最大のイベントである文化祭を控えた10月になってC子が部活を休むようになり、ついに全く参加しなくなる。その原因は同級生の嫌がらせにあるとC子からやっとのことで聞き出して嘆息したが、その過程において筆者はさらに大きな衝撃を受けることになった。なんと筆者はC子にとって依然として「何もしてくれない顧問」だというのだ。四役の決定も生徒に任せ、夏合宿の手配も生徒にやらせる、そして日々の活動内容決めも文化祭の企画や手配もみんな生徒に押しつける手抜き顧問なのだという。ついに文化祭は主将不在のまま行われた。

⑧5年目以降
　新しい四役を決めるにあたって、新高3たちは自分たちで話し合って決定した。主将不在の文化祭以降、筆者があれこれ部活の運営に口を出す回数は年ごとに少なくなっていった。マニュアルもよく機能しており、年度ごとに改訂され、新しい版が次の世代の四役に引き継がれていった。四役交代の際にはこのマニュアルと、部活の預金通帳とが手渡される「儀式」を行っていたらしい。「らしい」というのは、この儀式が終わって初めて顧問が登場を許され、そこで旧四役にねぎらいの言葉を、新四役には期待の言葉をかける、というスタイルが定着していたからである。筆者が退職で顧問を辞するまで、そのスタイルは踏襲された。
（以上は拙稿「生徒の自主性を伸ばし、自由度を高めるための苦労」、佐藤喜久雄監修、長沼豊編著『実践・2000年代の特別活動』明治図書、2000年を基に本書のために改編して記述した）

(2) 伝統文化的部活動の課題と解決方策
　上記実践から伝統文化的部活動への敷衍が可能な課題の抽出と、その

解決への方策を検討する。
①指導者の資質
　当該伝統的文化への確かな造詣と、学校教育の理解の双方を具える指導者の確保は、部活動を充実させるにあたっての重要な課題である。外部から招聘する指導者の選定においては、細心の注意を払う必要があることはいうまでもない。近隣から伝統的文化の「お師匠さん」を招いただけでは、「教場でのお稽古」を学校で再現するだけに終わる可能性が高い。従来の伝統的文化活動の指導スタイルとして、「先達の振る舞いを見て覚えなさい」「技を盗みなさい」とだけ指示しておき、あとはひたすら型の反復、という形式がみられる。このタイプの指導者の場合、うまくできない箇所を叱り、自分の目にかなう動きが出たら場当たり的にほめる、という指導法を採用する傾向にある。すると部活動を始めたばかりの生徒はよく知らない人にひたすら叱られ続けた挙句、嫌気がさして辞めてしまうことになりかねない。「なぜそのような型があるのか」「その動きをする理由は何か」という、伝統的文化の根底にある哲学と原理をきちんと伝え、それがこのような仕草やしきたりに結び付いている、と生徒に納得させるだけの知識と指導力のない「お師匠さん」は学校教育にはなじまないのである。質の高い指導者の確保にあたっては、それぞれの伝統的文化諸流派等の本部などに直接連絡をとり、学校教育に造詣の深い指導者の紹介を願うとよい。
②活動内容の充実
　生徒が自主的・自発的に部活動に取り組むにあたり、活動内容の自主的な選定は重要な要素である。ところが伝統文化的部活動においては「お師匠さん」が一方的に選定する、という形式が一般的であるように見受けられる。そこで、教員がコーディネーターとなって、外部指導者と一緒に「指導内容」を検討し、ある程度整理した上で生徒にそれに関する資料等を渡し、考えさせ、話し合わせ、決定させるような工夫が必要である。また、文化祭・地域文化行事での「活動発表・研究発表」では、発表のテーマ選定に教員は関わり、テーマを流儀の技法で具現化す

ることに外部指導者は関わる、と役割を分担する方法も考えられる。いずれにせよ現代日本の学校教育における伝統的文化の部活動は、教員、指導者、生徒においてすべからく「考え、議論する部活動」でなくてはならない。そのようなスタイルに抵抗を示すような「お師匠さん」は外部指導者として学校の教導システムに参加させるべきではない。

③生徒の自主的・自発的活動の醸成

　生徒自身で「何を扱うべきか」「どのように習得すべきか」を知り、決定することが難しい伝統文化的部活動であるが、その要因の一つとして他の部活動や一般成人の活動に接する機会が少ない、という状況が挙げられる。活動を校内に限定せず、他の学校での稽古や発表会などに積極的に参加して、「こんな技能を身に付けたい」「あれをやってみたい」というモチベーションをもたせるなどすべきである。その活動において、教員はファシリテーターとして積極的に生徒に関わるべきである。

3. 部活動と礼儀

　伝統文化的部活動のみならず、多くの部活動の対外的な紹介を見ると、たいてい「礼儀が身に付く」「礼儀を学ぶ」などと書いてある。さて、そこで語られている「礼儀」とは何なのだろうか。大きな声で「先輩と先生に向けた」挨拶をする。それが「礼儀」なのか。果たしてそれは礼儀の本質を体現した、真に礼儀正しい振る舞いなのだろうか。

　日本の文化部、とくに伝統的文化に関する部活動は、礼儀の本質について、他の文化部や運動部、そして学校教育に対して発信する存在になれないものだろうか。他者への敬意を、双方向に、しかもTPOに応じた言語的・非言語的な表現をもってやり取りする「挨拶」。まずはそこからでよいので、日本の伝統文化に関する部活動から、学校教育に礼儀の本質を発信してほしい。そのためにはまず「伝統的文化のまっとうな指導者」の教育現場への導入が不可欠である。だがしかし、それが現在の日本では最高難度のミッションであることも、また事実なのだ。

第3章　文化部活動の実践とその課題
第3節　総合文化部

現役中学生保護者　**Mr.Peki-chan**

1．はじめに
　この節は一般市民と保護者の立場から、岩手県を例にして総合文化部について述べる。
　総合文化部と呼ばれる部が全国的にも多くの学校に存在しているようだが、岩手県内では全ての市町村立中学校で部活動全員加入制が取られているため、その役割も活動内容も特異なものになっている。
　岩手県でも附属中学を創設している県立高校があるが、この附属中学でも部活動全員加入制にしている。県内市町村立中学と足並みを揃えたものでもあるのだろうが、県立高校では新入生1年間全員加入というルールもあるために整合性を取ったようでもある。
　少子化の影響で県立高校の中には一学年一学級のような小規模校がいくつかあり、種目別部活動から総合運動部と総合文化部に再編して少人数の競技や音楽関係でもアンサンブル系に絞って大会に参加するなど、一般的な総合文化部に近い形態の部活動をしている高校もある。

2．活動の実態
　加入を強制されて消極的志向で集まってくる生徒たちの活動ではなく、他県同様に分野は異なっても文化活動を志向する生徒たちが集まって部活という枠組みの中で先生方の指導下で技術とセンスを磨いていく総合文化部であれば望ましいのだが、実態はほど遠いものがある。
　全国的には美術部や書道部などの入部者が少なくなったなどの理由で単一では維持が困難になって統合させたものが総合文化部なのだと思うが、分野ごとに部員は分かれて活動し活動日も曜日別であるなどして、

各々の生徒にとっては週2日程度の活動が一般的であるようだ。

　岩手県の市町村立中学校でも総合文化部の成り立ちは同様であったと思われる。ただし活動の面では全員加入制であるために、少なくとも平日は運動部や吹奏楽部などと同様に毎日下校時間まで活動させているようだし、夏冬春の長期休業中でも平日は2〜3時間の活動が組み込まれてしまう。学校統廃合が進んでいてスクールバスで登下校している生徒が少なくないために部活動の終了時間まで待ってスクールバスを運行していることからの配慮でもあるようだが。

　連日、全員での活動となるため、美術部的な活動が主体となっていることが多い模様だ。趣味や嗜好が合致していて絵画や彫塑が得意な生徒ばかりであれば、連日の活動でも苦にならないだろうが、入部しているのはそのような生徒ばかりではないということが問題になっている。

3．無理のある運用

　多くの学校で維持されている部活動は運動部が主体になっている。吹奏楽部・音楽部などの文化部がいくつか維持されてはいても「女子部化」している学校もあるし、演奏も歌も苦手だという生徒は当然いる。吹奏楽部は運動部同様に休日にも練習するし、コンクールや請われて出演するイベントも多くは週末である。各運動部や吹奏楽部などにそこまでの興味・関心・意欲がもてなければ、やむを得ず消去法的に総合文化部に入部するものなのだ。こういう生徒たちに「ほかの部の生徒たちは大会を目指して毎日頑張っているのだから君たちはこの部で頑張ろう」と先生方がけしかけたところで時間を浪費しているだけになるのである。ほかに入りたい部がないからと消極的に入部した総合文化部でも先生に言われるままに美術部的活動をしていて才能が開花する生徒もいるだろうが、誰しもがそうなるわけではない。

　学校には絵画コンクールやポスター募集などが案内されて中には応募ゼロでは許されないようなものもあるのだろう。運動部や吹奏楽部などに入部していて休み無く長時間の練習をしている生徒たちに、絵画やポ

スターを募集しても自然体では応募作品は集まるものではないだろうから、美術部的な活動をしている総合文化部があるならばその部員たちに応募させようという発想になるのは理解できないわけではない。しかしながら、期待できるメンバーが集まっている部ではないのだ。そういう「利用価値」で彼らを作品製作マシーンにするのは大人の事情でしかないのではないか。

4．違う運用方法も

　岩手県内では総合文化部という名称や形態になるには学校ごとに経緯があってのことのようで、美術部が同じような役割を担っている学校もあるようだ。文化部が一つしかなく、それが総合文化部であったり美術部であったり、吹奏楽部や音楽部があってそのほかに総合文化部か美術部があるという学校が多いようだ。生徒が多い学校では美術部と社会科学部があって社会科学部が総合文化部的な存在となる事例もある。絵画やポスターのコンクールに追われることもなく様々な活動をしている。
　一方、中規模校であっても唯一の文化部が吹奏楽部であるとか全く文化部がないという学校も少なくない。
　美術部的な活動が主体で平日は運動部と同様に下校時間まで連日活動させられる総合文化部の事例を中心に紹介してきたが、学校によっては特別支援学級の生徒だけが入部できるような運用をしていたり、クラブチームなどの校外活動をしている生徒しか入部させない運用をしていたりする学校もある。総合文化部とは言いながら活動実態が有るのか疑問に感じている。

5．全員加入制と文化部活動の問題

　全員加入制である限り、様々な事情を抱えて早刻に帰宅しなければならない生徒や活動に興味・関心・意欲のない消極的選択の生徒が総合文化部や美術部に集まってきている。全員加入制を撤廃すれば、総合文化部や美術部、書道部、社会科学部などに入部する生徒はほとんどいなく

なってしまうかもしれない。実ニーズで入部している生徒はほとんどいないのだから。さらには吹奏楽部や音楽部に入部する生徒も激減するかもしれない。

　部活動でなくとも様々な文化的活動に興味・関心・意欲をもった生徒が、放課後の時間帯に専門科目の先生や経験があり造詣の深い先生から指導助言を受ける程度の機会が提供されれば、彼らの実ニーズには応えられるだろうし、そこに集まった生徒たちの中で共同作品製作などの機運が高まったら、その時だけ取り組まれてはどうかと思う。

　全員加入制が撤廃されると吹奏楽・合唱・演劇など多人数でなければ活動が困難な文化部も一般的な運動競技でも単一の学校では維持できなくなることが想定される。そのような部活動は地域部活化をして生徒が住んでいる学区に関わらず希望する活動に部活動としてアクセスできるようになれば、多くの問題は解消できる。

　地域部活化された部活動に参加せずにクラブチームや総合型地域スポーツクラブなどに参加することが許容されるようにもなれば、これまでのように総合文化部のような部に籍を置く必要もなくなる。

6．おわりに

　総合文化部が学校の文化活動の下支えになっていたり、特異な文化活動をリードしたりしてきた功績もあったとは思うが、そこに集まっていた生徒たちの多くは実ニーズがあって入部していたわけではないはずだ。加入の強制性が強ければ強いほど。全員加入制であればなおさらである。

　加入強制性が排除され、全員加入制が撤廃された環境で、興味や関心や意欲をもった生徒たちに、文化活動を楽しみ学校や地域の文化を醸成していく機会が提供される将来であることを切に願う。

第3章 文化部活動の実践とその課題
第4節 郷土芸能部

沖縄県石垣市立石垣中学校教諭 　玉城　久

1.「郷土芸能部」という部活動

(1) 地域性

　芸能が盛んな沖縄県の中でも最南端に位置する八重山諸島も、昔から人々の生活の中や祭祀行事の中で芸能が脈々と息づき、今日においても地域の人々に愛され大切にされている。八重山は「詩の邦、歌の島、踊りの里」と称されるほど、自然豊かな文化と沖縄本島とはまた違った歴史の中で、多彩な歌謡や舞踊が多く生まれた。八重山の歌謡と舞踊は「琉球舞踊」の演目にもいくつも取り上げられ歌い踊られており、八重山の人々だけでなく沖縄県や県外でも親しまれ愛されている。また、芸能を親しみ愛する地域に生まれ育った子どもたちは、代表的な地域の年中行事「海神祭（ハーリー）」「豊年祭」「旧盆のアンガマ」への参加を通して、八重山の芸能に触れる機会が多い。

▼豊年祭での郷土芸能部の奉納舞踊

▼豊年祭での各地区の旗頭

　1市2町からなる八重山諸島の、石垣島（石垣市）の市街地の西側、静かな住宅街に石垣市立石垣中学校はある。本校は、学級数が16学級（特別支援1）、生徒数約520名の八重山地区最大規模の学校である。学校の

目の前には、真乙姥御嶽（まいつばおん）という祭祀を行う聖地建造物があり、近くには宮鳥御嶽（みやとりおん）もある。

　毎年夏（旧暦6月）には、この真乙姥御嶽を中心にした「豊年祭」が行われる。豊年祭とは収穫祭であり、今年の豊作に感謝し来年の豊作を祈願するお祭りである。四ヶ字（しかあざ）と呼ばれる四地区（石垣、新川、登野城、大川）が真乙姥御嶽に集まり、旗頭（はたがしら）や奉納芸能、五穀の種子の授受儀式、大綱引きが盛大に行われる。

　そして、学校から眺望できる石垣漁港では、海で働く人々による豊漁や航海安全の感謝と祈願のお祭り「海神祭（ハーリー）」が毎年旧暦5月4日に盛大に執り行われている。また、毎年旧暦のお盆には、あの世のご先祖に扮したウシュマイ（爺）とンミー（婆）が各家々をまわり歌や踊り、珍問答で賑やかす「アンガマ」と呼ばれる行事が行われている。多くの生徒たちが、これらの行事をはじめ、結婚披露宴や長寿のお祝いといった諸行事に参加し芸能に触れている。

　石垣中学校地区だけでなく八重山そして沖縄県の各地区では、祭祀行事やそこで披露される芸能が生活の中に密着している。学校教育の一つとして伝統文化の継承に取り組む地区も多い。そのため「中学校総合文化祭」でも各地区のそれぞれ個性豊かな伝統文化や芸能を目にすることができる。また、各地区の各文化と芸能が一堂に会するこの中学校総合文化祭が、継承と発展の機会の場となっている。これらの地域性が郷土芸能部の発足につながっている。

（2）八重山の郷土芸能部
　個性豊かで多彩な伝統文化と芸能が息づく地域にある、石垣中学校の部活動の中には「郷土芸能部」が設置されている。「郷土芸能部」は、石垣中学校だけでなく、石垣島にある3つの高等学校と、石垣中学校を含む市街地校3校に、現在設置され活動を行っている。沖縄県内において、郷土の芸能に親しむ部活動「郷土芸能部」の設置は実のところ珍しく、学校教育の部活動として人数をそろえ年間を通して活動を行う

のは、八重山地区の部活動の特色である。

　県内や各地区には、三線教室や舞踊研究所（道場）が多く存在し通っている生徒も少なくない。沖縄本島であれば、学校行事や中学校総合文化祭で芸能を披露する際に、経験のある生徒を募り、舞台化し本番に臨んでいることが多い。一方、八重山では、さらに学校の部活動として芸能に親しむ場となる郷土芸能部が設けられている。放課後には三線の音色が学校中に響いている。学校に響く三線の音色は、島外出身の先生方が赴任されたときには、驚かれるとともに感動を覚える瞬間でもある。

　沖縄県高等学校文化連盟が昭和53年に結成される以前、1964年（昭和39年）には、すでに八重山高等学校において郷土芸能部が創部している。継承と保存された地域郷土芸能の創意・工夫を受け継ごうという部活動が根付きはじめた。この特色ある活動は近隣の中学校にも広がり、石垣中学校においても、郷土芸能に携わる地元出身の教諭の赴任と地域行事参加に相まって、2005年（平成17年）まで活動していた民謡同好会が、2006年（平成18年）より「郷土芸能部」に部活動として正式に創部され設置された。このように、石垣島の各学校の部活動に郷土芸能部が設置され、八重山の特色ある部活動となっている。

(3) 石垣中学校の郷土芸能部

　石垣中学校の郷土芸能部は、はじめ「民謡同好会」という唄や三線が好きな生徒が自主的に集まった同好会活動から始まった。

　2006年（平成18年）、学校の目の前にある真乙姥御嶽で行われる地域の年中行事「豊年祭」に向け、石垣中学校独自の旗頭（はたがしら）が製作完成した。豊年祭では、真乙姥御嶽に各地区の旗頭と芸能が奉納に訪れる。完成した石垣中学校の旗頭も奉納演技することとなった。奉納される芸能として、民謡同好会の唄と

▼石垣中学校の旗頭

三線だけでなく、舞踊も一緒になった芸能を奉納したいという動きがきっかけとなり「郷土芸能部」が部活動として設置されることとなった。唄・三線の指導は、当時郷土芸能部の顧問を担当していた唄・三線に実力のある教諭が行った。舞踊の指導は生徒と保護者から熱い要望を受け、部員の保護者でもあり地元の舞踊研究所で舞踊を教え、地域行事などに数多く携わっている方が外部指導者として就任し現在に至っている。

　創部当時は部活動に昇格するものの、部室や練習場がない状態であったため、教室の机を片付けて練習場にしていた。ところが、ある教室では使用を断られ、部員が涙ながらに報告することもあった。衣装や舞踊の小道具は、学校備品で扱うことが難しく、外部指導者が毎回調達する借りものの衣装や小道具を使用している状態であった。

　当時の部員と指導者は、部室や衣装小道具の獲得などを目標に、活動実績に取り組んだ。地域の年中行事に参加することだけでなく、毎年開催される地区中学校総合文化祭での演舞の披露と、県中学校総合文化祭への八重山地区代表として出場校に選ばれることが大きな目標となった。部活動として学校に認めてもらうために、よい練習環境とは言えない条件の中、自分たちなりの目標という意味付けと工夫で主体的に練習に励み、発足2年目に地区中学校総合文化祭の舞台に臨んだ。

　その甲斐あって、県中学校総合文化祭への八重山地区代表として出場派遣校に選ばれた。さらに、翌年開催の全国中学校総合文化祭青森大会への沖縄県代表として初めて出場派遣校に選ばれた。努力が認められたとともに、校長の計らいのおかげで、郷土芸能部の部室が設けられることとなった。また全国中学校総合文化祭派遣に伴う、多額の派遣費用に対して地域の方々や事業所から多くの寄付金が集まった。この寄付金は旅費の工面だけでなく、これまで借りものだった衣装や小道具の部活動の備品としての購入資金ともなり大きな力となった。学校の部活動である郷土芸能部が今後も続いていくためのモノの確保となっていた。

　郷土芸能部の活動範囲は広がり、主な年間行事での活動のほか、地域のイベントやデイケアサービスへの慰問公演にも呼ばれるようになった。

各イベント等の参加は、生徒が活躍できる場になるだけでなく、いただく謝礼金などは活動資金の面で支えとなっている。衣装や道具類が整うことで、石垣中学校郷土芸能部の演目のレパートリーも増え、舞台を作り上げる上で表現できる幅が広がってきた。

　三線の指導者がいない時期は、三線経験のある生徒を募り各行事の舞台に臨んでいた。2010年時の顧問教諭が定年退職した後も外部指導者として就任していただき、外部指導者のつながりから新たに三線の外部指導者が就任した。現在、外部指導者は舞踊担当2名、唄三線担当1名の合計3名の地域の方々にお世話になっている。

　生徒の主体的な活動から発足した石垣中学校郷土芸能部は、2018年現在で発足から13年を迎えた。多い時では40名以上の部員が所属していた。発足からこれまで、八重山地区代表として沖縄県中学校総合文化祭に6回出場し、全国中学校総合文化祭に今年度5回目の派遣校に選ばれた。沖縄県代表として八重山の歌謡と舞踊を披露してきた。

2．郷土芸能部の実践

（1）活動のねらい

　石垣中学校の部活動は、石垣中学校の「部活動規定」のねらいと、石垣中学校の三点セットと、各部活動のねらいのもと活動している。

　まず、石垣中学校「部活動」のねらい「部活動は部員の望ましい人間関係を深め、自発的、自治的な生活態度を養うと共に、豊かな心を育て、個性の伸長及び技能の向上を図ることをねらいとする」をもとに部活動を行っている。

　次に、部活動をする部員である前に、本校の生徒として「石垣中学校の三点セット」の凡事徹底が部活動の目標にも挙げられている。三点とは「あいさつ」「時間」「美化」が当たり前にできる生徒をめざしている。

　そして、「郷土芸能部のねらい」として二点挙げている。一つ目に「郷土の伝統文化や芸能に触れ、地域の素晴らしい文化を継承・発展に努めることにより、感性と創造性を高め自信と誇りを持たせる」。二つ

目に「部活動を通して、人としての在り方や接し方、コミュニケーション能力、また、問題解決能力などを身に付けさせる」。
　これらをもとに、郷土芸能部という部活動を通し、自主的・主体的資質や能力をもつ生徒の育成を図っている。

　(2) 郷土芸能部の組織
　石垣中学校郷土芸能部は、生徒（希望制）、顧問2名、外部指導者3名（舞踊2名、唄三線1名）、保護者会で構成されている。
　部員生徒は、唄三線や踊りが好きな生徒が集まっている。全校生徒の中には、三線教室や舞踊研究所（道場）に通っている生徒はいるものの、皆が郷土芸能部に入部するわけではない。部員生徒は、唄三線担当の「地謡（じかた）」と、舞踊担当の「踊り子」の2グループに大きく分かれる。どちらの生徒も、ほぼ初心者が多く、研究所に通っていた生徒は数人程度である。三線や舞踊にはそれぞれの研究所が所属する流派があり、流派の唄い方弾き方踊り方はとても大事にされている。そのため、経験者である生徒は入部しづらい現状がある。
　部員生徒は、現在、部長1名（踊り子）、副部長3名（地謡1名、踊り子2名）の役員を置き、他の部員全員は化粧班、衣装班、道具班の3つの係のいずれかに割り当てられ担当する。それぞれの班には班長が決められ、練習前後や舞台本番前後の準備片付け時に、部長そして班長の指示で部員は動くことができるように求められている。
　石垣中学校の全職員は、各部活動の正副顧問として担当が割り当てられている。しかしながら、八重山芸能という地元の専門的な指導に顧問教員が全部応えられないことが多い。そのため技能指導に関しては地域人材である外部指導者にお願いせざるを得ない。顧問・副顧問は、部員生徒の活動面生活面の指導と相談、支援のほか、舞台の依頼者や外部指導者の方々との連絡のやりとりが主な仕事となる。
　外部指導者は、校長の許可のもと委嘱している。毎週1回（日曜日）の指導をお願いしている。舞踊指導担当の外部指導者に関しては、舞台

化粧や衣装の着付けについてもご指導いただいている。本番当日の準備では、生徒に化粧と着付けを各自である程度させ、指導者に手直しや確認仕上げをしていただいている。衣装や小道具の入手や購入にもお力添えをいただいている。地謡の生徒は、地謡担当の外部指導者に以前より録音制作していただいた演目の音源CDを参考に、唄と三線の大まかなメロディーを習得する。そして、外部指導者との練習日に細かい唄い方の指導などをしていただいている。現在地謡の練習日は、外部指導者の都合上、主な行事の前においてのみ、校長の許可のもと、保護者の同意を得られた部員に対して時間外で行っている。この練習の成果を、通常の活動日に、参加できなかった他の生徒と共有している。

　郷土芸能部の生徒の活躍を陰ながら支えていただいているのが、保護者会の存在である。県や全国の中学校総合文化祭への派遣校に選ばれたことをきっかけに保護者会は発足した。保護者会は会長と副会長、会計の役員を中心に構成されている。活動計画や活動費の使い方を確認するだけでなく、主な行事参加の際の着付け等の手伝いや生徒の飲食の準備や差し入れ、部員間の親睦を深める場の企画で子どもたちを普段から盛り上げている。そのほか全国中学校総合文化祭派遣の際の旅費工面等のための資金造成活動にも保護者会主体で携わっていただき、生徒が練習と舞台に集中できるために環境をつくってくださっている。

(3) 年間の主な行事と舞台

　郷土芸能部の活動のうち、毎年参加している三つの行事と舞台がある。
　まず、ゴールデンウィークに行われる、石垣市商工会主催の舞台「子どもの日公演」がある。石垣市内の三線教室や舞踊研究所そして中学校の郷土芸能部が集い、子どもたちだけの舞台となっている。新年度になり新2・3年生による新役員新体制で臨む大きな舞台となっている。
　次に、夏の豊年祭である。1学期は、この豊年祭の奉納舞踊に向けた練習が主となる。神への奉納祈願を目的とした稲作の様子と豊穣の喜びを表現した演目だからこそ、生徒の意識も指導者の指導にも熱が入る。

そして、秋に行われる八重山地区中学校総合文化祭は、特に活動の中でも力が入ってくる。それは、沖縄本島ではあまり見られないが、沖縄県中学校総合文化祭への八重山地区代表の選考が行われ、郷土芸能部門の派遣枠は2校という決まりがあるからである。
　毎年ではないが、「海神祭（ハーリー）」では、各地区の祝賀会での出演依頼もあり、演目数も多く企画できる舞台となっている。漁業関係者の生徒もおり、慣れ親しんだ行事への参加に喜ぶ姿がある。
　この他、地域や団体から出演依頼があった場合、学校生活で支障のない限り出演をしている。ただし、個人の宴会席などでの郷土芸能部としての出演はお断りをしている。

(4) 郷土芸能部の練習と取り組み
①活動日
　郷土芸能部の活動は、以前より水曜日と土曜日を休みとして、そのほかの曜日を活動日としている。休日ではあるが、外部指導者の仕事の都合に合わせ日曜日に活動日を設けている。石垣市教育委員会では、平日1日、休日1日の週2日休養日を設けることを推奨としている。
②日々の練習
　日々の練習は、部長、副部長を中心に活動を行っている。他の部活動と同じく集合と号令から始まる。その後、基礎練習、各演目に分かれての練習（パート練習）、演目ごとに地謡と踊り子の音合わせ、演目全部を通す通し練習の流れを基本として行っている。これは、発足当時から試行錯誤で出来上がった練習の形である。
　基礎練習として、発声と腰落とし、歩行練習を行っている。
　発声では、2グループに分かれ唄の掛け合いで声を響かせる練習と、基本姿勢づくりの腰落としをしながら地謡の唄に合いの手を入れる囃子（ヘーし）といわれる発声の練習を行っている。これは、2010年当時、発声の弱さの改善を図るため、当時の顧問教諭の粘り強い指導が現在でも受け継がれ、基礎練習として定着している。

歩行練習では、地謡の演奏に合わせ、基本姿勢を保ちながら、ゆっくりのテンポの曲にのせてすり足で歩く練習、早いテンポの曲で腿を上げて軽快に歩く練習を行っている。また、横並びに歩行する際に、横列のラインを揃えることを意識し歩幅を合わせ、実際の演舞時の立ち位置が等間隔になるような練習も行っている。部長と副部長を中心に、生徒同士でお互いの姿勢や発声をチェックし合い声かけをしている。

　外部指導者との練習日であれば、外部指導者について演目ごとに指導してもらう。その他の曜日は、同級生同士、先輩が後輩に教える形で各演目を仕上げていく。習得の進度には差があり、先輩が後輩の指導に苦慮している場面は郷土芸能部でも見られ、粘り強く指導するよう顧問教諭はアドバイスやサポートに入る。教えることで客観的な視点をもち自分の技能に磨きがかかる経験をしてほしいというねらいがある。生徒同士での教え合いや、自分から積極的に教えを請うよう、自分から学ぼうとする姿勢を身に付けるように促している。

③行事・舞台に向けた取り組み

　主な行事の舞台については、外部指導者と部員の役員が相談しながら、大まかな演目と出演者を考えている。その後、部活動への出席状況や演目の習得状況などを考慮して決定しており、全員が出演するとは限らないときもある。但し、豊年祭は原則として全員参加としている。

　そのほか出演依頼のあった舞台については、部員の役員を中心に生徒同士で話し合いながら演目と出演者を決めている。その後、外部指導者や顧問教諭との確認をし、出席状況や習得状況を考慮して決定となる。役員は、衣装の重なりや身長による立ち位置の考慮、それでも部員から出てくる要望などを丁寧に聞きながら演目と出演者を決めていく。そのため役員にとっては一苦労な作業となっている。

　外部指導者により、各行事の込められた意味だけでなく、自分たちが演舞する演目や踊りの各所作や振り付けに込められた意味を教えてもらい、演舞の意味を深める。ここに伝統文化と芸能に触れ、体験を通して継承していく姿がある。

秋の中学校総合文化祭に向けた取り組みは、3・4か月をかけて8分間の舞台を作り上げていく。これまで豊作や豊漁、そしてお祭りをテーマにしているように、地域に根付いた行事や文化を忠実に舞台化していくことが特徴的となっている。

3．課題と解決に向けた方策
　これまで、地域性、発足から現在にいたる郷土芸能部の現状と取り組みをまとめてみた。そこから浮かび上がる離島学校の特色ある部活動としての課題は何か。
・専門性と外部指導者の必要性。
・「離島のハンディ」といわれる遠征による負担。
　この2点は、文化部だけでなく運動部も含めた全部活動に共通するものである。それでは、郷土芸能部固有の課題は何か。
・舞踊、唄三線の著作の取り扱いの注意。
・楽器や小道具類の入手と調達及び購入における負担。
　この2点が大きな課題として考えられる。
　まず、地域に根差した文化と芸能を扱うため、その地域文化と芸能を深く知る専門性をもった指導者が必要不可欠である。地域の方々は、昔から芸能に慣れ親しんでいる分、目が肥えている。中学生の元気さだけではなく、内容にも注目している。生徒の活動を地域の文化と芸能の基礎に沿いながら舞台を作り上げるのもまた一苦労である。そのため、地域人材である外部指導者の力を借りなくては部活動が成り立たないのが現状である。また、石垣中学校郷土芸能部の踊り方唄い方弾き方と言われるが、実のところ、舞踊も唄三線も指導者の創作であったり、研究所から許可をいただいたりして使用できている。もし指導者が変わった場合、ご厚意がなければ使用できない著作物である。出演依頼のあった余興や舞台の前には、考えた演目や配役については、必ず、指導者との確認を行っている。顧問の交代時の引き継ぎ、外部指導者との連携は重要な仕事の一つとなっている。また入部してくる生徒の中には、違う流派

の生徒もいるため、違いを理解し受け入れて、唄い分け、踊り分けて全員がシンクロした演舞にするためにサポートが必要になってくる。

県や全国の中学校総合文化祭への派遣は、沖縄本島まで飛行機に乗り宿泊を兼ねており、離島学校にとっては一大行事の遠征となる。毎回、多額の費用となる旅費の調達に苦慮している。市や県からの旅費補助があるものの、それでも修学旅行と重なる学年はとくに大変な負担となる。毎回、保護者会を中心に旅費負担軽減のため、趣意書の回覧、募金箱の設置、タオル販売など資金造成に取り組んでいる。地域の方々のご厚意はとても心強く、毎回多くの寄付金が集まり、旅費の工面ができている。そのおかげで生徒も舞台づくりに専念でき、素晴らしい演舞をもって恩返しに努めることができている。

資金の面の課題としては、楽器や小道具の入手と購入もとても重要である。音楽科で扱う三線などの楽器のほかは、学校備品として扱えないため学校で購入が難しい舞台衣装や小道具類の調達に苦慮している。これまでの年間の活動費や、出演依頼でいただく謝礼金、資金造成からの積み立てによって、現在では多くの衣装や小道具類が少しずつ整えられてきた。この歴史を後輩に語り継ぐことで、物や道具を大事にする精神の育成を外部指導者とともに顧問教諭は努めている。

4. まとめ

芸能が盛んな地域性の中、自主的な生徒の主体的な行動によって発足した郷土芸能部。地域や学校の理解を得られ、練習環境も外部指導者も整った環境となった。整った環境の中で、地域に根付く芸能を次の後輩へ継承するとともに、発展もねらった郷土芸能部の部活動自体を、歴代の先輩方の思いをも継承し運営していく必要がある。また、学校教育のねらいに沿い、日々の部活動や舞台づくりを通して、生徒の自主性・主体性を育むことを考えながら、これからも地域の芸能を愛する地域人材が育つ環境づくりをサポートしたい。

第3章　文化部活動の実践とその課題
第5節　実学としての商業系部活動の取り組み
～校外活動を主としたマーケティング部の運営～

大分県中津東高等学校教諭　**岡﨑　博吉**

1．生徒の自主性を重視した部活動の創設
（1）なぜ、「マーケティング部」が必要なのか

　商業を学習する高校において、生徒たちは授業の中で簿記や情報処理、マーケティング等について学習している。生徒たちは授業での学びを基に各種検定・資格試験（以下、「資格」という）に挑戦し、数多くの資格を取得している。この資格取得により、生徒たちは知識・技術の「インプット」の成果を実感し、自信をもつことができる。まさに「INPUT型学習」の成果である。しかし、現行の学習指導要領（平成22年1月版）が出された頃から「INPUT型学習」だけでは今後の社会を力強く生き抜いていけないのではないかと考えられるようになった。ここで学習指導要領の内容を確認してみたい。

　学習指導要領・商業の目標は「商業の各分野に関する基礎的・基本的な知識と技術を習得させ、ビジネスの意義や役割について理解させるとともに」（前半部分）と示している。これはINPUT型学習によるものが大きく、生徒の活動としては「受け身」の活動内容であることが多い。そして後半をじっくり読んでいきたい。「ビジネスの諸活動を主体的、合理的に、かつ倫理観をもって行い、経済社会の発展を図る創造的な能力と実践的な態度を育てる」と示している。この内容を具体的な形で実現するためには、校内活動（授業や校内での部活動）だけでは実現困難であると私は感じた。また、生徒自身が主体的に活動を行っていくことが最も重要なことであり、実現しなければならないと感じた。そこで、私は科目「マーケティング」に焦点をあてて、マーケティングの活動を生徒自身が主体的に行うイメージで「生徒の自主性を重視したINPUT

プラス OUTPUT 実学型」の部活動を創設することとした。因みに「マーケティング」とは何かについて、教科書の一部を引用して紹介する。
「現代の市場では、全体の生産力（供給）が過剰傾向にあり、しかも消費（需要）ははげしく変化している。したがって、消費者のニーズに適合しない商品を生産する企業は、たちまち競争にやぶれ、存続さえもあやうくなる。こうした状況のなかで、企業が消費者や競争企業の動向に適切に対応していく活動をマーケティングとよぶ」（実教出版「マーケティング」p.18 より抜粋）

(2)「マーケティング部」創設と生徒の活動内容
　2014年4月にマーケティング部を創設し、早速部員を募った。マーケティング部という聞き慣れない部活動であるため、生徒たちの多くは「どんな活動をする部活動なのか、活動内容がよく分からない」と感じていた。私は授業を担当している生徒や放課後に廊下ですれ違う生徒などに対して、個別に勧誘を行った。「マーケティング部に入りませんか。マーケティング部は生徒が主体的となって活動する部活動です。今後、商品の販売活動や商品開発、パッケージの作成、ＣＭづくりなどを行っていきます」というキャッチフレーズで生徒を勧誘した。もちろん、創部時点では上記活動内容について何ひとつ実現していなかったので、あくまで「今後の期待を込めた」活動内容の紹介であった。
　数日して2年生が4名入部した。入部の理由を聞くと「部の内容はよく分からないけど販売を経験したいから」というものであった。マーケティング部が実際に動きはじめたのは、この4名が入部した日からということになる。部員が初めに行った活動は「地元中津市の観光施設や商業施設の見学」である。黒田官兵衛が築城した中津城をスタートし、市内商店街を経由して、中津駅まで見学した。この活動の目的は中津市の課題を見つけること。例えば、中津城の来場客を増やすにはどうすればよいか、商店街の空き店舗対策はどうすればよいかなどを念頭に生徒たちは見学した。見学の際には、中津城の運営スタッフの方、商店街の

役員の方からいろいろな話をうかがった。

　数週間後、新入生である1年生7名が入部し、部員は合計で11名となった。マーケティング部1年目の主な活動は以下のとおりである。
①地元中津市の新博多町商店街における販売活動
　新博多町商店街では2009（平成22）年より「南部自由市場」が開催されている。「南部自由市場」とは商店街の店主が中心となって毎月第4日曜日に開催しているフリーマーケットスタイルのイベントである。商店主はもちろん、空き店舗前では市内外よりたくさんの出店者が食品、衣料品、雑貨等の販売を行う。また商店街内の広場では有志による音楽ライヴが行われ、イベントに彩りを添えている。毎回数百名のお客様が来場されており、中津市に定着したショッピングイベントとなっている。中津東高校マーケティング部は2014年に南部自由市場出店者としては初となる「高校生店舗」の出店を開始した。そして現在も「高校生店舗」を運営しており、生徒たちは接客・販売活動を通して、自主性を身に付けている。
②地元農家との協働による6次産業への挑戦
　地元農家との協働により野菜を育てる活動を行った。6次産業という言葉の6は農業などの1次産業だけでなく、加工業の2次産業、さらに販売業の3次産業にも取り組むことから、それぞれの数字を掛け合わせた6を意味している。（中津市HPより）

▼出店者より出店のアドバイスを聞くマーケティング部1期生

▼2014年創部当時の南部自由市場販売活動の様子

▼総菜ケーキの製造・販売　　▼地元農家の皆さんとの農作業の様子

（2014.12.26付　大分合同新聞）

　　生徒たちは自分たちが育てた野菜を使用し、『総菜ケーキ』を製造・販売することとした。製造・販売については地元の菓子店とコラボレーションし、試食会を繰り返しながら菓子店と意見交換を重ねた上で商品化した。

2．マーケティング部の主な活動内容（2015年〜2018年）
（1）販売・接客活動

　　2014年から開始している新博多町商店街「南部自由市場」での販売活動をはじめ、これまで数多くの販売・接客活動を行ってきた。販売・接客活動の目的は生徒自身のコミュニケーション能力の向上を目指すためであり、その他にも商品のプレゼンテーション力、会話力、表現力、

販売技術向上（ＰＯＰ広告作成や販売状況の判断力等）などを目指している。2015(平成27)年の販売・接客活動の概要は以下のとおりである。

実施年月日	販売実習を行った場所 ※（ ）が付いてない会場はすべて中津市
2015（平成27年）2月27日他	あきんど市場・日ノ出町商店街
2015（平成27年）2月28日他	南部自由市場・新博多町商店街
2015（平成27年）3月26日他	ヴェルスパ大分公式戦（大分市） ※サッカーＪＦＬ
2015（平成27年）8月1日	ＴＯＴＯ夏祭り
2015（平成27年）9月13日	安心院フェア葡萄酒まつり2015（宇佐市）
2015（平成27年）9月20日	第8回からあげフェスティバル　1日目
2015（平成27年）9月21日	第8回からあげフェスティバル　2日目
2015（平成27年）10月24日	産業教育フェア（大分市）
2015（平成27年）10月24日	ハロウィンウォーク
2015（平成27年）11月1日	三光コスモスまつり
2015（平成27年）11月8日	ふるさとまつり（豊後大野市）
2015（平成27年）12月6日	禅海ふるさとまつり

▼ＴＯＴＯ夏祭り　　　　　▼ヴェルスパ大分公式戦

(2) 商品開発活動

　商品開発活動では、生徒自身が消費者のニーズを考え、商品コンセプトであるターゲット・ベネフィット・シーンを決定し、アイデアを出し合い、企業にプレゼンテーションを行い、商品開発を行った。ネーミング、商品のパッケージデザイン作成、効果的なＰＯＰ作成などを生徒自

身が行い、開発した商品の中身とイメージが一致しているかどうかを総合的に判断する力を身に付けている。

商品完成年月	商品名	概要
2014（平成26年）12月	ケーク・サレ（総菜ケーキ）	自分たちが育てた野菜を加工し、地元菓子店とコラボレーションして開発した総菜ケーキ。1ホール@600円
2016（平成28年）3月	中津東のぎょろっけバーガー	南部自由市場の出店者であるパン屋さんと地元蒲鉾店とマーケティング部の3者でコラボレーションし、ぎょろっけ（魚のすりみのコロッケ）をはさんだバーガーを開発した。@250円。2018年までに累計で6,200個以上販売。店頭での販売はしておらず、イベント等での出店時に販売している。リピーターも増え、ヒット商品となっている。

▼中津東高からあげ新発売の新聞記事
（2015.6.10　朝日新聞大分版）

▼中津東のぎょろっけバーガーのPOP

第3章　文化部活動の実践とその課題　　101

(3) 街づくりや街おこしに関する活動

　マーケティング部の活動理念の一つに「中津市の活性化」がある。様々な活動を行う際、常に念頭においているのが「中津市をいかにして活性化するか。また、我々マーケティング部としてどのように関わっていくか」ということである。2014年の部創設以来、中津市の皆さんをはじめ多くの皆さんから街づくりや街おこしについて様々なアドバイスをいただいた。そして、2015（平成27年）から街づくりや街おこしに関わる会合や委員会等に生徒たちは参加させていただくようになった。部員たちはこのような活動を重ねていくことで、地元中津市に対する愛情がさらに深くなっている。その証として、マーケティング部の卒業生の多くは地元企業や地元の官公庁に就職、または地元の上級学校に進学し、中津の街づくりを担う一員として現在活躍している。

　ここで卒業生であるマーケティング部第1期部長Hのコメントを紹介したい。Hは現在、地元のセラミック精密部品の製造・販売を行う企業で製造職に就いている。一般的には製造職といえば商業やマーケティングとはあまり縁のない職と思われる。しかし、Hが卒業後に本校に来校し、後輩である在学生に向けて力説した内容を聞いて私は驚きを覚えた。「私は現在製造部門で働いています。仕事をする中でどうすればよりよい製品ができるのか、同僚や先輩とチームワークよく仕事をするにはどうすべきかをいつも考えています。また、新提案をする時はプレゼンテーションソフトを活用します。掲示物を作成する時はイラスト等を盛り込み分かりやすい表示ができるようにしています。私はマーケティング部で自主的に活動することがいかに大切かを学びました」

　以下、街づくりや街おこしに関する活動について紹介する。

実施年月	会合名・委員会名	概要
2015（平成 27 年）4 月	中津市ロケツーリズム推進協議会	中津市で撮影された映画「サブイボマスク」のサポートスタッフとして参加。
2015（平成 27 年）4 月	NAKATSU 商店街未来会議	理想とする商店街をイメージすることで、様々な課題の解決を目指す中津市の地域活性化組織。会議メンバーとして参加。
2015（平成 27 年）8 月	中津市「まち・ひと・しごと」創生懇談会	中津市版「まち・ひと・しごと総合戦略策定」に向けた懇談会。当時の部長Hが委員に委嘱された。
2016（平成 28 年）7 月	中津商店街連合会懇談会	マーケティング部が今後のまちづくり・まちおこしについて提案。
2017（平成 29 年）6 月	中津市歴史博物館活用推進委員会	2018（平成 30 年）7 月に完成予定の「中津市歴史博物館」の活用等について、市民の代表から様々な意見を聴取する委員会。当時の副部長Yが委員に委嘱された。

▼第1回「まち・ひと・しごと」創生懇談会　▼中津商店街連合会懇談会

（4）ロゴ作成、ネーミングに関する活動

　部創設以来、生徒自身の主体的な活動内容が新聞、テレビ、ラジオ、地元のフリーペーパーや情報誌に掲載されることが多くなり、同時に企業や団体から様々なオファーをいただくようになっている。具体的には、イベントの企画・運営、イベントのサポート依頼、ロゴ作成・ネーミング等である。中でも、ロゴ作成・ネーミングについてはデザイン力が必要となるため、部内でイラストやデザインが得意な生徒が中心となってプロジェクトを進めている。これまで制作したロゴ・ネーミングを紹介する。

商　品　名	「唐辛子ゆず吉くん」
商　　　品	柚子入り一味唐辛子
依　頼　主	宮崎県宮崎市「ぼちぼち農園」
制　作　者	マーケティング部
制　作　年	平成29年
コンセプト	「ゆず」と「唐辛子」を特徴とした親しみのある男の子
ネーミング	名前に「吉」をつけることで消費者に幸福感を与える

商　品　名	中津市民花火大会公式ロゴ
商　　　品	Tシャツ
依　頼　主	中津市民花火大会実行委員会
制　作　者	マーケティング部
制　作　年	平成30年
コンセプト	海上に浮かぶ花火を「火の華」と捉えてカラフルかつ広がりのあるイメージで制作

3. 今後の課題

　マーケティング部は現在5年目である。これまで多くの皆様のご支援・ご協力により、様々な活動を行ってきた。そして生徒たちは学校の中で学ぶことが困難である「貴重な実学」を学び、実務能力を向上させている。生徒たちは試行錯誤を繰り返しながら、自分たちで考え、様々な活動を生み出してきた。そして、想像力や創造力、実行力を身に付けてきている。5年前「マーケティング部」という種を蒔き、生徒とともに育んできた。そして、少しずつではあるがその種が実を結んできていると感じる。

　一方で明らかになった課題もある。1つ目は、活動の経費の問題である。販売活動では必要となる仕入代金、各種経費、交通費（遠方で販売する時等）などについては、これまで手弁当（当初は借入金で運営したが、販売活動による収益で借入金を返済。自助努力で活動を行っている）で行ってきた。他県では法人化（一般社団法人や株式会社）している高校もあるが、法人設立にはかなりの費用がかかるため、本校では実現困難である。生徒の将来に向けて貴重な機会を与える部活動はまさに「生きた学習」である。部活動の趣旨や役割から見ても、本来資金的な後方支援体制は公的機関が担うべきものではないかと考える。本校のマーケティング部の活動は冒頭でも述べたように、学習指導要領の目的を実現するための具体的かつ有効な手段といえる。文部科学省が目指すべき教育の方向性に合致した取り組みについて、国や県は今後さらなる支援体制や制度改革を進めてほしいと考える。また、将来的には国だけでなく地域や民間企業が連携し、高校生が実務学習できる組織（例えばNPO法人等）を創設するなどの動きが生まれることを期待している。

　2つ目の課題としては、やはり活動時間である。我々は販売活動・イベント・起業セミナー・アイデアソン等に多く参加するが、これらはすべて休日に実施される。休日はとても忙しいというのが実情である。今後は活動自体に対して「マーケティング視点」をもって取り組み、活動内容や活動時間の改善、改革を行っていくことが重要だと考えている。

第3章　文化部活動の実践とその課題
第6節　軽音楽部に関する論考

中京大学ほか非常勤講師　**玉木　博章**

1．はじめに
（1）軽音楽部という部活動について

　軽音楽部と聞いて何を思い浮かべるだろう。不良、茶髪、ロン毛など、あまりいいイメージはもたない人もいるかもしれない。そして、そうしたイメージは、同じ音楽系である吹奏楽部はもちろん、他の運動部に抱く、真面目、友情、教育的活動と呼ばれるものとは乖離していよう。ある意味では、部活動として学校教育に馴染まない部活なのかもしれない。池上徹も音楽系の部活動は圧倒的に女子が多いが軽音楽部は例外であり、その学校内の位置付けに問題があるとしている。そしてそれは軽音楽部の音楽性が学校に反抗的な考えとつながるため、これを学校公認の部活動としてどこまで許容するかは常に教員には悩ましい問題となるからだと述べる。したがってそうした性質から軽音楽部はこれまで部として軽んじられ、その点が活動にも影響している。

（2）軽音楽部から見る部活動の未来

　他方で軽音楽部の特徴には、昨今の部活動問題の研究者の論との共通点もある。例えば内田良は部活動の意義を機会保障に見出し、居場所の論理に基づく「ゆとり部活」を提唱して総量規制を掲げる。中澤篤史は（自分たちで）決める練習、（他者と）交わる練習、（やったことをみんなで）振り返る練習の3つを掲げた「楽しむ練習としての部活」を提唱する。また神谷拓は卒業後を視野に入れた練習と試合、組織と集団、場と環境の自治内容を示し、決定権を子どもに委ねることを提案する。そして本書の編著者である長沼豊は部活動改革プログラムとしてフェー

ズ1～6を用意し、部活動を学校教育から分離し、必修クラブを復活させて機会保障する持続可能な部活動を展望する。

　本節では、これら研究者たちの意見を参照しながら、軽音楽部の特徴を通して部活動のあり方について考えてみたい。筆者自身も中学時代からバンド活動を始め、高校時代はパソコンを駆使して楽曲制作に勤しみつつボーカルとして軽音楽部に所属し、大学時代は対外的に活動していたが、そうした経験を基にしながら本論を進めていくこととしよう。

2．軽音楽部の現状
（1）金銭と練習時間の関係

　軽音楽部が他の部と異なるのは、多くの学校において必ずしも毎日練習することを顧問が強制しない点である。一部を除いた軽音楽部では練習の実施がメンバーの意思に委ねられ、対話的に決まる。全員いなければバンド単位での練習はできないが、個々に事情があるためスケジュール等の配慮が必要であるからだ。また全員が毎日練習できる予定だとしても、実際には場所や金銭的問題から不可能である。軽音楽部が練習するにはドラムセットとアンプやキーボードのあるスタジオ、もしくはそれらを運んだ教室が必要となる。だが学校にそれら機材は大抵1バンド分しかないが、バンド数は1以上であるため、根本的に全員が毎日学校で練習できない。学校で練習ができない時は、楽器店のスタジオで練習するが、その度に1時間1500～2500円のスタジオ代が自費でかかる。仮に2000円でも3時間なら6000円となり、これを平日5日、土日5時間以上、交通費を含め毎日続ける財力を全員もつバンドはない。

　さらに、スタジオ代や楽器代の他に、楽器の音を強化する機材代もかかる。ギター、ベースならシールド（ケーブル）はもちろん、エフェクター（音が変化する機材）や、それを切り替えるスイッチも必要となる。またメンバーや曲の求める音に合わせてギターやベースそのものを変える時もあり、常に同じ機材で演奏するわけではない。多ければ3台のギターを1ステージで使い、当然維持費や関連部品もその分必要であ

る。ドラムであればシンバルやタム、スネアやキックペダル等のセットや、当然スティックも換える。キーボードならば2〜3台同時に使うこともあり、それに応じてペダル、シールド、スタンド、音を替えるスイッチも必要になる。加えてバンドスコア（譜面）も購入し、全員分の費用もかかる。さらに、ギターやベースは定期的に弦を、ドラムはスティックを換えるため、消耗器として楽器1台あたり毎月1000円弱、多ければそれ以上維持費もかかる。

　同様に上達するかどうかも金銭と個人の自主性が影響する。積極的に同じパートの先輩に教えを乞うか、教則本（テキスト）を購入して個人練習するか、親族や知人等に好意で教えてもらうか、別途音楽教室で有料レッスンを受けるかしかない。顧問が素人の場合はどれかを選ばざるをえないし、経験者の顧問だとしても全パート教えることは難しい。また個人の技能が上達しても、バンド全体を見る能力も必須なため、必然的に音楽そのものを何らかの方法で自主的に勉強せざるを得ず、それに関する教材や曲作り用の機材が必要となる。したがって、このように活動面や技能面において自主性と金銭的問題が大きく関係している。

（2）練習やライブの自主性による機会保障と顧問の関わり
　前述したように練習をメンバーで決めるため、軽音楽部では顧問が練習に関わることは少ない。また多くは4月に部員全員が集められ、自己紹介をしながら関係構築し、自分たちでメンバーを組んでバンド結成する。顧問は出会いの場は提供するものの、生徒同士の関係性を重視するためほぼバンドの結成には関与しない。バンド誕生には完全に生徒の自主性が鍵となる。先輩の練習に立ち合わせてもらって、その場に来ている1年生同士で関係構築するか、楽器屋で同じ学校の生徒に声をかけるか、クラス内でメンバーを探す。したがってこうした問題点として性格に難があってバンドに属さず、ステージに立たない生徒もいる。

　また、文化祭等のステージに立つかどうかも個人やバンドごとの意思に委ねられ、顧問は学外大会への出場も強制しない。勉強が忙しいから今回

は大会へは出場しないという時期もある。筆者は大会や学校外ステージには積極的に出場したが、なかには敢えてそうした場には参加せず、校外のライブハウスで定期ライブを行うバンドもある。ライブハウスはチケット買い取り制なので、チケットを売って自らお客さんを呼ぶ必要があり、売れなければ自腹買い取りとなる。そうした金銭的リスクを負う活動を筆者のバンドはよしとしなかったためライブハウスでは演奏しなかったが、双方のバンドの活動もメンバーの自主性と合意の結果である。

　こうした自主性と金銭の問題は部を続ける上では常に問題になるが、その課題さえクリアすればステージには立てる。1校1バンドと出場バンド数が制限され、審査が課されることもあるが、そうでない大会もある。また校内行事であれば年功序列や、希望者オーディション等のルールはあるものの、メンバーとの関係性づくりを上手くやれば、3年間休まず練習したのにベンチ入りできないという運動部のようなことはない。

(3) 現在の軽音楽部の様相

　ここまで軽音楽部の活動や付随する諸問題に関しては述べたが、近年軽音楽部は様変わりしている。2009年から放送されたアニメ『けいおん』の影響で女子部員が増え、池上によれば最も人数の多い文化部が軽音楽部という高校もあるとされる。実際にリットーミュージックの森山賢志によると男女比は3:7。学校数は全国中高併せて約2060校。中高一貫校も含め中学校は69校ある。ただ約1600校が東京、愛知、大阪、兵庫、福岡に偏っている。対してミュージック・ネットワークの三谷佳之は前述5県に神奈川、千葉、埼玉を入れても1100校だと話す。だが両社に500校差はあるが、東北や北陸の郊外に少ない現状は分かる。

　他方で愛知県市邨高校の学校ホームページではオリンピック出場生徒への応援歌を軽音楽部が制作し、それを職員と生徒とで歌っている。かつてならばこうしたPRは吹奏楽部等の学校文化に親和的な部の担当であっただろう。だが現在ではそれだけ軽音楽部の立場が学校内で上昇し、品行方正で模範的という学校文化が求める形に変化したと分かる。実際

PRソングは古い世代が考えがちな、荒れた不良のような作風ではなく、青春をイメージする爽やかなものに仕上がっていた。

さらに、外部との関わりも密になった。ミュージックネットワークは2013年12月から部員向けフリーペーパー『デジレコJr』（資料1）、2016年5月から顧問向けの『顧問通信』（資料2）を無料で学校配布している。内容は大会の様子、練習の基礎知識や方法、機材紹介はもちろん、合宿の施設案内、軽音楽部経験を活かした大学や専門学校への進学方法にまで至る。同様にリットーミュージックも2年前から『軽音マガジン』（資料3）を配布し、練習法や機材広告の他にプロミュージシャンのインタビュー等が記載され、両方社、雑誌同等の内容である。

【資料1、2】ミュージックネットワークのデジレコジュニアと顧問通信。表紙はバンドクリニックの様子。　【資料3】リットーミュージックの軽音マガジン

また、両会社はそれに伴って「バンドクリニック」なる無料講習を全国展開し、専門学校等の講師やミュージシャンが外部から経験の乏しい顧問を支援し、より高いレベルを目指したい生徒へ技術指導も行っている。さらに、三谷は「軽音指導者」なる外部指導者資格ガイドラインを作成し、指導と審査の基準を設ける体制を確立させ、音楽専門学校等で指導者を育成しようと2018年6月にNPO団体「全国学校軽音楽部協会」を設立した。加えて昨今ではYouTube等の無料動画で上達法を閲覧すれば上達への金銭的負担を以前より回避することが可能になり、部を続ける負担は若干軽減された。そして、こうして軽音楽部が盛り上が

りを示しているせいか、公的な大会も新設された。一昨年の広島での第40回高文連大会（運動部における全国大会の文化部版のようなもの）、昨年宮城での第41回大会と、軽音楽の大会が「協賛部門」として実施された。3大会連続となった第42回信州大会では審査も導入され、大きなステージはもちろん勝敗を経験できる機会も増えた。

　その一方で、軽音楽部の集大成が必ずしもライブや技術向上ではなくなってもきている。野垣内菜穂と笹野恵理子によれば女子は男子に比べて人間関係を重視し、単なる技術向上を志向せず、音楽活動を人間関係のために利用している側面が強いとされる。そして、女子が軽音楽部に増えていることは、人間関係を大切にしてバンド活動それ自体を楽しみたいという志向の部員が増えていることを含意する。こうした行為自体への満足を求める変化を前述した三谷も話してくれた。また小泉恭子や村田良によればSNSや保存技術の発達もあり、ライブよりも音源や楽曲の制作等に重きを置くこともある。したがってこのように軽音楽部の周囲の状況がここ数年で変化し、そのことが軽音楽部のあり方にも変化をもたらしている。

3. 軽音楽部から考える部活動のあり方
（1）金銭的負担について

　ここからは運動部や、主たる文化部として吹奏楽部を軽音楽部と比較して部活動のあり方を考えてみたい。まず軽音楽部では多くの運動部や吹奏楽部と異なり、日々練習や上達自体に金銭的問題が付随する。したがって施設と時間や上達するための人的資源がほぼ無料で無限に与えられる他の部とは違い、必然的に練習は効率よく限られた時間で行わざるを得ない。そもそも、施設も時間も人的資源も有限であるため長々練習はできない。スポーツの例であるが、関朋昭は、多くの国民にとって部活動はタダという認識があり、これが社会的課題であると述べる。そういった意味では金銭的制約が全てに付随することで軽音楽部では逆に健全な練習が行われ、必然的に内田の述べる総量規制をせざるを得ない状

況は、むしろ好循環を呼んでいると言えよう。

　もちろん、企業参入やネットの発達が進んだ現在において、軽音楽部はかつてより練習や技術向上に際した金銭的負担は軽減され、内田の言う機会保障を担保しつつある。しかし現実的に軽音楽部員はまだまだ金銭的負担が大きい。修理、買い替えにおいては当然部費から捻出されない。対して、加藤玲らによれば吹奏楽部では楽器の楽譜代やメンテナンス代も当然部費に含まれ、楽器も最初から学校にあり、個人で買うことも小型楽器の担当でも多くて半数だと言われる。したがって金銭面では、軽音楽部は吹奏楽部や運動部以上に負担を強いられている。加藤らの挙げる吹奏楽部費用の一覧には、規模を縮小すれば削減できる支出も目に付くが、金銭的に恵まれているから逆に余計な費用をかけ、規模を拡大してしまっている恐れもあろう。

　この点に関して小野田正利は、近年学校における教科外活動費が増加しており、その一因は部活動であると指摘しつつ、家庭の経済力の格差によって誰もがほぼ等しく、文化活動やスポーツを楽しめる日本的部活動の切り崩しが始まっている点を懸念する。だがそもそも軽音楽部を見てみると、家庭の経済力の差を補うべき学校の制度設計上で部活動内での再配分が平等になされず、最も人数の多い文化部が軽音楽部という高校も出ているにもかかわらず、他の部に比べ経済的に負担は大きい。活動費用の平等な再配分も今後の論点にすべきであろう。

（2）顧問のあり方と負担

　村田は、バンド活動はクラスの班活動に似ており、練習やコンセプトなど様々なことをリーダー中心にメンバーで話し合いながら決める反面、顧問はプロデューサーであり、本番の発表ができるようバンドの状況を見ながら適切に指導すると述べる。また、野垣内と笹野が調査した田中先生は、音楽的指導というよりは部員と相談しながら生徒の自治を尊重した形で運営に関してアドバイスをしている。また小泉が調査したＹ先生はバンド活動を継続している経験者ではあるが、部員から必要とされ

れば助言するという態度を取っており、文化祭のステージ設営や校内における部の地位向上に貢献しているものの、通常の練習において顧問の支援は機材の準備や部内バンドにおける人間関係が上手くいかない場合の対応などに限られ、各バンドの活動方針を部員へ委ねている。したがって、こうした顧問の傾向は必然的に顧問の負担軽減と生徒の自治につながっており、軽音楽部の一般的モデルの1つとして見なせるだろう。

　他方で、小泉が別で調査したＭ先生の方針は、やや異なる。Ｍ先生は部員たちに部の運営委員会を組織させ、練習室の割り当てや渉外、ＣＤ制作や校外イベントの実行委員などを必要に応じて結成させ、組織として軽音楽部を運営している。またパートチーフを中心にパート別練習を課し、ＰＡ（音響）やレコーディング、機材運営の研修も行っている。加えてレコーディングのためのレギュラーバンド（選抜という意味ではなく部活に深くコミットする常時という意味）を希望者で結成させる反面、気楽にバンド演奏を行い、練習後はバイトや遊びに勤しむ楽しみ優先派の生徒も許容する。こうした方針は、部活の運営をある程度構築して、多様なニーズに応えるための機会保障をした上で、自治をさせていると言える。つまり部活をやるのも自由、やらないことも自由なのである。しかし完全に生徒に丸投げせず、部活内でシステマティックに業務分担し、自分に合った活動が簡単にできるモデルであるかもしれない。したがって、このようにＭ先生も含めて顧問は指導や技術向上にそれほど関わっておらず、本来的な顧問の役割を担っていると分かる。

　関連してダンス部の例ではあるが、筒井愛知は指導者の考えは全て一個人の感性に従った価値観の1つに過ぎず、指導者には若くて新鮮なものの中にある、光るものを見つけて共感することが求められ、そこで主体性を育て、生徒の感性を生かす工夫をするべきと述べる。この筒井の論理を踏まえれば、指導にのめり込む顧問が、いかに自分だけの狭小な価値観に支配され、自分が何よりも正しいと驕り、それを生徒に押し付けているかが分かる。顧問が関わり過ぎれば生徒の主体性は奪われる。だが顧問が関わりを減らせば、生徒たちは自ら考え、行動し、上達する。

その行動が仮に緩やかでも、自主性という点からすれば顧問は極力口出しをすべきではない。多くの軽音楽部顧問も生徒たちにバンド活動や音楽を嫌いにさせてしまわないよう、自分と生徒の音楽観の違いを認識し、自らを相対化させ、生徒のよさを伸ばす指導をしているのであろう。それこそが部活動を含めた教科以外の活動における教師の役割ではないだろうか。

（3）必然的な生徒の自治性

　顧問の関わりを最小限に抑えれば、生徒の自治は生じやすくなる。したがって、前述のM先生ほどではなくても、生徒は必然的に活動に付随する様々な業務を担う。その大きな部分がバンド内の人間関係の調整である。野垣内と笹野は、他者を顧みずに自分の音楽を追求して輪を乱すとバンドからはぐれてしまうので、メンバーとの良好な関係性の維持が音楽を続ける上では必須であると述べる。そしてそうであれば、次第に力量も上達していくという。したがって軽音楽部員たちは単に勝利や技術向上を目指す以前に、人間関係の葛藤や煩雑な仕事に直面せざるを得ない。中澤が述べるように他者に向き合い、みんなで決めざるを得ない。

　このように、演奏以外に葛藤やストレスを抱きつつ成長する点に教育的意義があるため、運動部のように競技のみに収斂した活動では教育的とは言い難い。軽音楽部員は自らスタッフとしての技能も向上させ、自分たちでライブを準備して開催していると野垣内と笹野は指摘している。また練習日確保の話し合いに参加し、どの大会にエントリーするかも自ら決め、自ら書類作成や申し込みをして大会本部と連絡を取ると小泉も指摘する。実際に筆者が県内の軽音楽部の大会を見学した折には出場者自らが搬入や設営等の準備を前日に行っていた。多くの部活動では軽音楽部と比較すると顧問が働き過ぎであり、大会出場も当然という認識である。神谷も現実の学校内での部活動を見ると多くは練習に没頭していると指摘する。だからこそ、生徒や保護者は自分たちが格安で恵まれたいたれりつくせりの環境にいることに気づかないのではないだろうか。

例えば運営に際して顧問ではなく生徒に審判資格を取らせることも検討すべきであるし、備品のメンテナンスや応急処置の方法を学ぶ必要もある。もちろん、部員数の多い強豪校においてマネージャーや控えの選手はそうした経験をしているだろう。だが1年の頃からレギュラー扱いをされる生徒は、総じてそういった機会には恵まれづらい。したがって選手としてだけではなく、審判として裏方としてスポーツに関わる視点を部活動で養うことこそ教育や自治の面からは求められる。

(4) 外部指導者の活用

スポーツ庁によれば地域スポーツ・文化団体と「連携している」と答えた割合は、運動部では中学校で7.1%、高等学校で7.5%であるのに対して、文化部でも中学校で6.2%、高等学校で8.8%と極めて低い。だが、軽音楽部では企業協力によって自治体の外部指導者を活用せずとも、高度な指導も受けられる。したがって軽音楽部への企業の関わり方は、部活動の外部化という点では最先端であり、長沼のフェーズ4〜5へも部分的に踏み出していることが分かる。

また、外部指導員も含め当該競技や活動を経験した程度では指導専門性が担保できない。だからこそ研修や資格制度の構築は必須であろうが、軽音楽部が活用するバンドクリニックは音楽学校等で指導する講師やミュージシャンが来校するため、専門性が担保されている。しかもそれを今後指導資格として質保障する点は、自治体制度の遥か先を進んでいる。

他方で内田は外部指導者が部に関わった場合、外部指導者が過酷な練習を設ける点を懸念するが、それは外部指導者が毎日指導に来た場合に限られる。そもそも毎日練習すること自体が問題であり、その状態は総量規制されていない。だが軽音楽部では構造上必然的に総量規制されており、バンドクリニックの外部講師はあくまで生徒の自主的な練習を補う練習機会を与えてくれるに過ぎない。だからこそ、生徒は普段は自ら練習し、悩み、成長する。そこには自治があり、さらなる技術向上を求めるのであれば、それ相応の金額を払って音楽教室でレッスンを受ける。

やはり部活動はタダという認識こそが社会的課題であり、外部指導員も、指導を受けること自体が有限であるという認識がなされれば、過剰に指導を求め、過剰に練習することも減るだろう。したがって、こうした外部企業の関わり方は今後の健全なモデルケースに成り得よう。

(5) 緩くて多様な参加体制

　軽音楽部では顧問が積極的に練習に関わらず、生徒たちが自主的に練習や大会への参加を議論することで、生徒の意に反した過剰な練習は行われづらい。したがって、運動部や吹奏楽部のように強制的な大会参加もなく、意に反して学業や生活を圧迫することもない。内田は、中澤の論じる自主性の議論に触れ、自主性が加熱を呼ぶと懸念するが、軽音楽部では自主的だからこそ過熱しない。それは練習場所が無限に与えられる他の部活と異なり、活動には施設を含んだ金銭的な問題が随伴するからである。だが、多くの運動部は当然のように練習場所を無料で常時確保している。ならば学校を一般開放して部活以外の様々な団体が使えるようにすれば、毎日特定の部が練習場所を占拠できず、長時間練習が規制できる。また軽音楽部のように1つの部内に参加意欲の異なる多数のチームを複数併存させるのもいいだろう。

　他方で、特に運動部が、80年代から生徒指導の場として利用されてきたと中澤は述べる。それによって学校と教師は運動部活動に加入したくない生徒も加入させるようになり、スポーツをしたくない生徒にもスポーツをさせ、現在に続く管理主義的な性格の運動部の確立につながったと論じる。長沼も同様に、生徒への強権的指導の場として部活動が活用され、この時代に生徒の全員強制入部の仕組みができつつあったとする。

　例えば効率よく生徒指導するには、入部がそのチームへの所属を意味する構造の球技系部活や、型や形式を重んじる武道系部活で、毎日熱心に技術指導することが近道であろう。なぜならばそうした部は、部という社会に部員が強制適応する構造を有しているため、生徒の意思は思想統制のように顧問や多数派の生徒によって作られる権力に合法的に一体

化させられる。そして、顧問が毎日技術指導することで教師と生徒の関わりは増え、そうした多数派の考え方に洗脳されやすくなるため、生徒指導も容易になる。「1日休むと3日遅れる」という教訓も生徒指導の常套手段の1つでもあり、生徒を囲い込み、教師の指導や部の全体性に適応させるねらいもあっただろう。つまり逆に考えれば、生徒指導をするから顧問は関わらざるを得ない。したがって実際には超勤4項目に該当せず、必ずしも学校で行う必要のない業務である部活動を生徒指導の場としなければ顧問負担は軽減され、生徒も部や顧問の方針を相対化でき、部へ多様な関わり方ができるのではないだろうか。

　そもそも、部活動で生徒指導するという発想は学校が荒れた80年代のものである。しかし社会構造も大きく変化し、荒れや非行よりも引きこもりや不登校が生じやすい現代で、そうした型にはめるような指導が適正であるとは言えない。むしろ、それでは予想できないこれからの未来を生き抜く資質は身に付きづらいだろう。顧問の型にはまったところで、引退して指示がもらえない状況になれば、目標がなく主体的に行動できず、いわゆる「部活崩れ」と呼ばれる半グレになってしまったり、ブラック労働者になって搾取されたりする恐れも報告されている。翻って、軽音楽部では部の強制力は比較的少なく、最低限の人的出会いと物質的資源を供給する場所であるため、効率的な生徒指導の場には適さないが、他の部とは異なり練習頻度や部への関わり方も生徒のニーズで自主的に選択できる。それでもなお他の文化部や個人競技の運動部とは異なり、メンバーという他者と共同的に活動する点を鑑みれば、中澤が重視する「みんなで」という点も担保され、教育的意義を保持していると言えよう。

4．おわりに
（1）本稿のまとめと平等な機会保障への課題
　本節を通じて明らかになった他の部活動と軽音楽部の違いは大きく2点ある。1点目は金銭的負担、そして2点目は多様な活動体制である。

金銭的負担が問題であり、機会保障のための再配分はするべきであるものの、その負担はかえって活動の抑制や生徒の自主性を生んでいる。やはり、部活動はタダという認識こそが社会的課題であるだろう。

　また軽音楽部のように自主性を重視し、1つの部に複数のチームや小編成演奏集団、複数の方針を掲げられる多様な参加形態を認め、それらの集団に平等に参加機会の保障がされるようになれば、生徒指導の場には適さないが総量規制され、顧問の負担も減るだろう。現在では単に金管楽器を2～3人で演奏したいだけの生徒は吹奏楽部に参加できないし、ゆったりスポーツを楽しみたい生徒は運動に参加できない。また人間関係が嫌で好きなスポーツを諦めざるを得ない生徒には平等な機会保障はなされない。したがって、誰もが運動や文化に平等参加できる部活動を構築するならば、軽音楽部の視点が鍵となろう。

(2) 軽音楽部のあり方が拓く部活動問題の視座

　本節では主要研究者の未来展望を軽音楽部の現状に絡めて論を進めてきた。もちろんこれらを十把一絡げにはできないが、軽音楽部は内田の言う総量規制を行いつつ機会保障し、中澤が言うようにみんなで練習を楽しみ、様々なことを決めて交流している。それは同時に神谷の述べる結社的な自治があり、長沼のフェーズでは外部指導者の活用及び企業参加も他の部の先を進んでいる。

　また本論では触れられなかったが、軽音楽部は辞めることも含めて、自治的であり、部活動のあるべき姿を保っていると言える。練習同様に、そもそもバンドや部を続けるかどうかも含めて自主性の下でメンバーと対話的に決定するため、結成の自由同様に解散離脱の自由も認められている。したがって、他の運動部のように顧問が延々と辞めさせないための説教を行うことも、部の存続を強要されることもない。こうした辞める自由も含めて、軽音楽部の運営や参加を1つのモデルとして議論することは、今後の部活動全体のあり方を考える上でも有益となろう。

　とは言いつつ本節では、あくまで軽音楽部のあり方をモデルにして部

活動を考えることで今後の議論への新たな視座を拓いたに過ぎない。軽音楽部を模倣すれば全てが好循環するわけではないし、軽音楽部をモデルにしても議論が必要な点もある。さらには一言で軽音楽部と言っても、全国には様々な運営形態が存在する。したがって今後は本節を端緒として様々な議論が活発化すれば幸いである

〔参考文献・資料〕
池上徹。部活動を通してみるジェンダー。河野銀子、藤田由美子、教育社会とジェンダー。学文社。77-88。2014
内田良。ブラック部活動 子どもと先生の苦しみに向き合う。東洋館出版社。2017
小野田正利。部活動と家計負担-「誰もが気軽に楽しめる」制度が消えていく。季刊教育法、196。44-49。2018
加藤玲、新戸明、渡部真由、黒部真子、小野田正利。座談会 私たちも黙っていられない！吹奏楽部の実態。季刊教育法、194。48-61。2017
神谷拓。運動部活動の教育学入門 歴史とのダイアローグ。大修館書店。2015
小泉恭子。ポピュラー・ミュージック・イン・スクール。東谷護。ポピュラー音楽へのまなざし-売る・読む・楽しむ-。勁草書房。256-279。2003
スポーツ庁委託事業。平成29年度運動部活動等に関する実態調査報告。東京書籍。http://www.mext.go.jp/sports/b_menu/sports/mcatetop04/list/1403173.htm。2018
関朋昭。スポーツと勝利至上主義・日本の学校のスポーツのルーツ。ナカニシヤ出版。2014
筒井愛知。高校の部活動と居場所づくり。田中治彦、萩原建次郎。若者の居場所と参加 ユースワークが築く新たな社会。東洋館出版社。127-147。2012
中澤篤史。運動部活の戦後と現在 なぜスポーツは学校教育に結び付けられるのか。青弓社。2014
中澤篤史。そろそろ、部活のこれからを話しませんか 未来のための部活講義。大月書店。2017
長沼豊。部活動の不思議を語り合おう。ひつじ書房。2017
野垣内菜穂、笹野恵理子。高校生の部活動にみる音楽活動の形成過程：高等学校における軽音楽部のエスノグラフィーを通して。学校音楽教育研究、16。25-36。2012
村田良。軽音楽のススメ(特集 脱「普通の学校」という選択)。高校生活指導、198。全国高校生活指導研究協議会。66-71。2014

第3章　文化部活動の実践とその課題
第7節　静岡県掛川市の地域部活動の取り組み
～地域部活・掛川未来創造部 "palette" ～

ふじのくに文教創造ネットワーク理事長　齊藤　勇

1. 校外で行う部活動の創部

（1）文化系の地域部活動が静岡県掛川市で創部

　2018（平成30）年5月初旬、15名の中学1年生が新たに誕生した地域部活動の1期生に名乗りをあげた。市内4つの中学校から、それぞれ4名、4名、4名、3名が入部。出身小学校では8校から集まった。前年12月より、小学6年生に募集チラシを配布。まだ何も実践していないため、活字だけが並ぶ案内になった。4月に体験入部を6回実施したが、校内での部活動説明会や勧誘活動も全く行っていない。

▼5月はじめ、講師と記念撮影

そうした中、15名が自主的・自発的に参集したことが、大きな一歩になった。顧問より入部のお祝いに次の言葉を贈った。
「自分一人がどんなにやりたくても、共に活動する仲間がいなければ何もできません。一緒に入部した仲間全員への『ありがとう！』の気持ちを大切に、みんなの部活動にしていってください」

（2）静岡県文化プログラムへの採択が直接的な契機

　この地域部活動（以下、未来創造部）は、掛川を本拠とする文化教育系のNPO・ふじのくに文教創造ネットワークが企画主催し、掛川市教

育委員会が協働（承認）する形で実施している。市や市教育委員会が主体となって財政的な負担を行い、運営団体を公募して実施する形態ではない。年間通して継続実施するためには、会場経費・謝金等、相応の資金の持続的な確保が必須である。現在、各自治体も部活動指導員の拡充へ動き出しているが、学校内で行われる部活動が対象のため、地域部活動は対象に含まれない。そこで民間の企業など、地域の経済界や財界等からの支援で持続されなければならない。しかし、全国的にも前例がなく、実績が何もない段階で地域の支援を得ることは難しい。そのような中、創部の準備を始める前年度から複数年にわたる資金確保の道を拓いてくれたのが、静岡県文化プログラムであった。

　2020（平成32）年のオリンピック・パラリンピック東京大会に向け、日本全国で文化プログラムの実施が始まっている。静岡県では「地域とアートが共鳴する」をテーマに推進しているが、2017（平成29）年、ふじのくに文教創造ネットワークが提案した企画『新時代の課外活動への挑戦！』（地域部活動）が、文化・芸術による地域・社会課題対応プログラムの一つに採択されたことを契機に創部へ急加速していった。この文化プログラムは単なる資金提供のみの制度ではなく、専門のコーディネイターが実施団体と伴走する形をとっている。未来創造部においても、新たなアートとの出会いや楽しみ方を提供する「創造体験型ワークショップ」の導入へのアドバイスを受けるなど、新たな取り組みに相応しい展開が期待でき、意義深いプロジェクトになっている。

（3）創部の目的
　未来創造部では、感性が豊かで寛容な心と人間力をもち合わせた子どもたちの育成を大きな目的の一つに掲げている。一つのジャンルのみを選択する形ではなく、多彩なジャンルを広く体験でき、音楽・演劇・放送を中心にそれらが融合した活動を行う未来創造部では、部員個々に興味関心をもつ分野は異なる。様々な活動を通して、互いに異なる考え方や感じ方に触れることで多様性を尊重する寛容な心を育んでいく。さら

に互いを認め合いながら、主体性と協調性の両面をチーム活動の中で育成、人間力をもち合わせた子どもたちを育てていきたいと考えている。

　部活動は特定の技芸の上達を目的とする習い事や、最終的に発表会の開催を目的に活動する子ども対象の芸術団体（例：合唱団やオーケストラ等）とは根本的に異なるということをおさえておきたい。

　未来創造部では、表現の練習や発表は活動の全てではなく、あくまで、その一端を実体験できる範囲に留めている。子どもたち自ら、それ以上の高いレベルを志向したり、2時間にも及ぶ大きな公演の全てに自分が表現者として舞台に上がりたいといった願望を抱いた場合、それに相応しい習い事の先生につなげたり、自主公演を定期開催している芸術系団体を紹介するスタンスをとる。活動日が火曜と木曜、週末は月2〜3回で最大でも週3日の活動を厳守している。別に希望する民間の習い事などにも参加が可能であり、子どもたちの希望に寄り添う拡張性を有している点も特徴の一つである。未来創造部は、あくまで部活動である。

（4）活動の概要

　未来創造部の概要や詳しい内容については、公式のＷＥＢサイトで紹介しているため、そちらに譲ることにして、ここでは、主な活動とその特徴について触れたい。

　未来創造部の活動は、主に音楽（吹奏楽を除く）、演劇、放送の3つが中心。最初から特定のジャンルを選択する形ではなく、複数のジャンルを順番に体験しながら、興味をもったジャンルを個々に深めていく形をとる。

　活動の柱は、大きく3つ。

▼参考：地域部活動の公式 WEB サイト

【文化創造部 公式 WEB サイト】
http://www.chiiki-bukatsu.jp

- 「各種（音楽、演劇、放送）表現の練習と、プロのアーティストと共演する形での発表」
- 「優れたアーティストによる表現の鑑賞と交流」
- 土日を中心に地域の様々な文化資源に「移動教室」の形で訪問。
そのほか、新たな試みとして創造体験型ワークショップなどを行う。

　活動全般において、子どもたちの「自主性と自発性」を最大限に尊重。1期生においては、中学1年で入部したばかりのため、当面は大人の顧問スタッフが補佐していくが、将来的には子どもたち自身が合議のもとで活動の方向性や企画を選択する形で意思決定する。個々の分野の技術や表現方法に関する指導を、子どもたち自身が各分野の講師に依頼する方式を基本にする。部員個々へのインタビューを適宜行い、個々の関心や意欲を把握、今後の活動プログラムへ柔軟に反映する。活動への興味・関心や参加意欲を高めるための動機付けのプログラムを随時行う。

　ここで一つ着目しておきたい点がある。これまでの学校の部活動をはじめ、民間の習い事や子ども対象の芸術団体の場合、活動の大半を占めるのが「練習と発表」である。発表の場は、コンクール等の大会や定期演奏会等の自主公演、連盟組織主催の芸術祭などである。
　ところが、未来創造部全体の活動においては、これら表現の練習と発表は、全体の活動の「3分の1」に過ぎない点が大きな特徴だ。さらに、練習の発表の際、プロのアーティストとの共演を基本とすることも特筆すべき点である。残りの3分の2は、「優れたアーティストによる表現の鑑賞と交流」と、各種文化資源に触れる「移動教室」などが占める。
　吹奏楽部に代表される文化部活動の過熱化の要因の一つに、コンクールで上位を目指したり、定期演奏会など2時間にも及ぶ自主公演の大半を生徒自身で発表したりする形が常態化していることがあげられる。そのため、連日にわたる長時間練習はもちろん、本番の舞台の前には休日返上の集中練習を避けることはできない。まして自主公演を有料で実施

するなど、お客様の前で中途半端なパフォーマンスは許されないという思いから、一層練習に熱が入ることになる。プロではない立場でありながら、学生が派手な照明や音響を駆使したパフォーマンスを伴う公演を、しかも有料で開催するなど、一体いつからエスカレートしてしまったのか、大きな疑問を抱かざるを得ない。

　未来創造部では、この課題をクリアするために、限られた週2〜3日の短い時間の中で充実した活動ができる仕組みを最初から備えている。

　その一つが前述した「練習と発表」は活動全体の3分の1に留めている点である。もともと発表の舞台が少なく、登場する時間も短いこと、さらに大会のように成績を競う場には出場しないことが重要である。

　もう一つは、発表はプロのアーティストとの共演を基本としている点である。会場に足を運ぶお客様は、プロアーティストの優れた表現やトークに魅了される。家族等の関係者以外にも一般の地域の方々が来場し、皆さん喜んで「また来場したい」という声が多数寄せられるようになる。

　これまでの学校の部活動をはじめ、民間の習い事、子ども対象の芸術団体の公演の多くは、子どもたちだけで発表するものが大半だ。連盟主催のフェスティバル等も大半は同レベルのアマチュアのみが順番に発表する形式である。そこに来場する観客の多くは、家族やＯＢ、ＯＧなどの関係者が多くを占めていて、身内のみの発表会が常態化している。

　地域部活動を支えるのは、地域の経済界や財界などの方々である。プロアーティストをメインにした構成で、その中の一部に限定して、地域部活動のメンバーが発表したり、表裏関わらずイベントの制作に参加したりする形式をとる。一般の方々は、イベントそのものに魅了されながら、同時に子どもたちの成長を見守り続けてもらう形として、このスタイルがよいと考えている。ふじのくに文教創造ネットワークでは、2012（平成24）年より単発ではありながら、年1〜2回のペースで、このスタイルの公演を企画運営し、その反響から効果は実証済みである。子どもたちにとっても、優れたアーティストの表現に直接ふれながら、共演や制作参加を通して日頃は経験できない刺激や感動を得ることができる。

子どもたちを中心に、地域を拠点に活動するプロアーティスト、一般のお客様、地域の企業など関係する皆がWin-Winになれる道である。

2. 創部から2か月、中学1年生15名の実践
（1）活動内容（5月〜6月）
　5月初旬の創部以降、2か月にわたる活動について触れていきたい。

表：5月創部から6月の発表に至るまでの活動内容

回	活動日 月	日	曜	内容	①練習と発表	②鑑賞と交流	③移動教室	そのほか	運営担当
1	5	8	火	活動開始／練習		放送			顧問
2		10	木	練習		放送			
3		12	土	Welcome Party					
4		15	火	練習	演劇				
5		17	木	練習	演劇				↓
6		22	火	練習	音楽				いなかまま lemon
7		24	木	練習	音楽				
8		26	土	移動教室			報徳社（講話）		
9		29	火	練習	放送			一部、夜明けの合唱練習	
10		31	木	練習	放送			一部、夜明けの合唱練習	
11	6	2	土	ファミリーコンサートの説明				一部、夜明けの合唱練習	↓
12		5	火	練習	演劇			一部、夜明けの合唱練習	K-GIRLS
13		7	木		演劇			一部、夜明けの合唱練習	
14		17	日	移動教室		子どもブリッツ鑑賞	掛川西高校吹奏楽部	一部、夜明けの合唱練習	↓
15		19	火	練習	音楽				TEAM COOL
16		21	木	練習	音楽				
17		24	日	フェスティバル	発表	プロ＆高校生の演奏の鑑賞	フェス会場		↓

※運営（挨拶・当日のプログラムの進行等）は、5名1組のチーム制でローテーションして担当。名称は生徒自身が命名している。

この期間においては、3つの柱をバランスよくというよりも、1つ目の柱「各種表現の練習と発表」に比重をかけている。今後、夏休みから秋に向かうにあたり、二番目の「アーティストの表現の鑑賞と交流」や三番目の「移動教室」の機会が増えていくプランを予定している。

▼プロの指揮者と記念撮影

▼移動教室の様子

　前ページの表でご覧いただける通り、各種表現（音楽・演劇・放送）の練習は順番に一通り体験できるように実施している。また、鑑賞と交流や移動教室では、今後未来創造部が定期的に制作参加する「子どもたちのためのファミリーコンサート」の参考にするため、プロの吹奏楽団が主催する「子どもブリッツ」を鑑賞。指揮者の方とも開演前と終演後に交流の機会を設けていただいた。

　そのほか、来年開催の演劇・朗読・音楽を融合した創作劇の歴史的舞台である大日本報徳社（掛川市）を移動教室で訪問し、講話を聴く機会をもった。

(2) 音楽フェスでの共演発表に至るまで

　6月24日、ふじのくに文教創造ネットワーク主催の音楽フェスティバルを開催し、公演の中で未来創造部の創部をお知らせするコーナーを設けた。司会のアナウンスで紹介するだけでなく、同公演に出演した掛

川西高校吹奏楽部との共演で合唱曲「夜明け」を歌う形で紹介コーナーを行った。

合唱曲「夜明け」は、旭川商業高校吹奏楽部の平成10年度卒部生が作詞し、同部の部員が作曲を担当、部活動を経験している学生が共感できる詩と美しいメロディが人気を集めている。

この曲の誕生にはエピソードがある。吹奏楽コンクールで演奏する難曲に苦戦する中、いろいろな心情を通過しながらも、そこを乗り越えていった3年生が卒部式当日にサプライズでオリジナル曲「夜明け」を先生に歌ってプレゼントしたという。今回、共演する掛川西高校吹奏楽部が毎日練習で歌っている曲だったため、このような機会に恵まれたが、このことが未来創造部ならではのアプローチを試みるよい機会になった。

最初は音楽の活動日に、ソプラノ・アルト・男声とそれぞれパート別に音とりから始めた。合唱を練習する時の一般的なアプローチである。

▼放送のプログラム

続いて放送の活動日には、プロの朗読家の講師から、歌われている詩の一つ一つの言葉がもつ意味や世界観をイメージしながら、それを音読ではなく、朗読するプログラムを行った。メロディにのせる形ではなく、言葉のみで表現を試みた。

▼演劇のプログラム

次に演劇の活動日には、プロの俳優の講師の指導のもと、「夜明け」が誕生するに至った実話を題材に子どもたちが即興で芝居を演じるプログラムを行った。個々に

演じるキャラクターや吹奏楽部員に扮して演じる楽器を決め、台本無しストーリーの大枠だけを決めておき、全て即興で演じたのである。結果は、講師も驚きのパフォーマンスとなった。吹奏楽部の高校生は詩に共感できる部分は多いが、未来創造部の中学生はその点は未体験である。そこを芝居で演じることで追体験する機会になった。

演劇の活動の後、本番の１週間前に共演する高校の吹奏楽部に移動教室の形で訪問した。自己紹介を交えながら一緒に「夜明け」を歌う練習を行った。本番の舞台で響くハーモニーを直接イメージできる機会になったに違いない。

そして、最後は音楽の活動日に、声楽家の講師から合唱に磨きをかける指導を受けた。毎日練習している合唱部に比べれば、練習時間にも限りがあり、まだまだ足りない点は多々あるが、本番への準備は一通り整った。

本番のフェスティバル会場では、プロのアーティストや高校生による迫力の演奏が展開される中、いよいよ未来創造部創部のお知らせコーナーで合唱曲「夜明け」を披露。一般のお客様にはサプライズで行ったが、大迫力の楽器演奏の

▼高校吹奏楽部へ訪問

▼音楽のプログラム

直後だったこともあり、ピアノ伴奏にのせて中高生たちの歌声が響くと、会場全体が心静かに聴き入っていた。関係者以外の一般の来場者から「とてもよかった」という声が多数寄せられた。未来創造部のメンバーは、「夜明け」の合唱をはじめ、プロのアーティストや吹奏楽と共に来場者も一体となって歌う場面に強いインパクトを受けていた。

▼本番（夜明けの合唱）

　公演後の活動日に、5月創部からの活動を一通り振り返る機会を設けた。さらに副顧問が個別にインタビューを行い、部員個々に感じた世界や今後に向けた意欲など、多くの声を聞くことができた。

「いろいろな体験ができて、未来創造部に入って本当によかった」
「最初は一つだけジャンルを選んで活動すると思っていたが、ひと通り活動できてよかった。これからもいろいろ取り組んでいきたい」
「違う学校の子と友達にもなれて、毎回活動が楽しい」
「楽しいから、もっと部活の日を増やしてほしい」
「プロの演奏はどれもすごかった。また、いろいろ聴いてみたい」
「全国でもこういった活動をしている部活動がないのだったら、SNSなど活用して、どんどん発信していきたい」

　関心をもって深めていきたい分野は個々に異なるものの、活動全体としては前向きで意欲あふれる声が聞かれた。中学1年生による最初の2か月の実践ではあるが、この先に向けて手応えを感じる出発となった。
　また、コンクールをモチベーションにしないことに加え、週2～3回に活動日を限定し、発表の前に集中練習は一切行わない、教材費は実

費で徴収するが部費は無料という取り組みは、大胆な挑戦である。

3．今後の課題

　地域部活動は、地域の企業や人々による資金的・人的両面の支援が必要不可欠である。ここ掛川の場合、「オール掛川」の地域支援体制の構築が願われるが、そのために何が必要だろうか？　結論から言うと部活動の受益者が直接の部員のみである場合はかなり難しいと思われる。広く地域の小さい子どもたちから大学生を中心に一般の市民が参加しながら豊かな地域文化を享受できる文化系の社会事業に未来創造部が積極的に参画していくことが重要である。これまでのように自分たちだけがステージに上がって楽しみ、身内の関係者内で成立する仕組みのもとでは、広く地域と Win-Win の関係を築いて持続する展開は望めないと考える。

　現在、未来創造部は中学1年生のみのため、顧問・副顧問スタッフが先輩の立場からアドバイスしながら進めているが、今後は子どもたちが合議のもと進めていく。「掛川未来創造部」の名称も1期生が自分たちで話し合って決めた。この先、真に「子どもたちの、子どもたちによる、子どもたちのための部活動」になることを期待している。

　そう考える時、私自身をはじめ、寄り添っていく大人こそ、柔軟で寛容な心を育むことが子ども以上に求められているように感じる。部活動経験者の大人たちを昭和の時代以降ずっと支配し続けてきたパラダイムから、今こそ脱却し、部活動の本質に立ち返ることが求められている。

第4章 【座談会】
文化部の花形「吹奏楽部」の現状と課題

【司会・進行】
　長野いつき（日本部活動学会理事、音楽家）
【参加者】
　齊藤勇（一般社団法人ふじのくに文教創造ネットワーク理事長、
　　　　　地域部活・掛川未来創造部"palette"発起人・顧問）
　A教諭（公立中学校教諭）
　B教諭（私立高等学校教諭）

1．はじめに（自己紹介）

長野　音楽家の長野です。私は、音楽家としてフリーで活動しています。部活動については、吹奏楽部よりも先に、以前から起こり続けている水泳の飛び込み事故をきっかけとして関心をもち始めました。その後、音楽系の部活動で行われていることを知るにつけ、私たち音楽家の立場から考えると、あり得ないことが多いという問題意識をもつようになりました。

齊藤　静岡県掛川市の齊藤です。中学校では吹奏楽、高校では管弦楽をやってきました。私は、教員免許をもった学校の先生を経験してきたわけではありませんが、音楽を中心として子どもたちと関わる文化事業を地域の立場から行っています。今年の春から掛川で地域部活動という形で、吹奏楽部以外の文化部から始めています。ゆくゆくは吹奏楽部の改革の一つの取り組みにつながればと思って今取り組んでいるところです。

A　公立中学校の教員として吹奏楽部の顧問をしています。自分自身は、

中学校から吹奏楽をやってきました。また、部活動で顧問をしつつ、自分は地域の楽団にも参加していまして、こんな立場から音楽を楽しむということはどういうことなのか、子どもたちが人生の中で楽しく音楽に触れていくためにどのように指導をしていけばいいのかということを考えています。

B 私は、中学・高校と吹奏楽部に所属してきました。現在は、私立高校で教員をしており、これまで吹奏楽部の顧問をしてきました。

2．吹奏楽部の現状
●運動部活動の応援

長野 今日は、2018年7月中旬ですが、ちょうど吹奏楽のコンクールの準備に忙しい時期であると共に、高校野球の地方大会などの時期に重なっています。野球部の応援について、現場経験のある先生がいらっしゃいましたら、感じていることをお話しいただけますか。

B 高校野球は連日炎天下で試合が行われ、観客席も日影がない状態です。野球部の生徒は、普段からグラウンドで練習していて、暑さや熱中症対策に慣れているかもしれませんが、応援で参加する吹奏楽部やチアリーディング、ダンス部の生徒は暑さに慣れていませんので、顧問は熱中症対策などに非常に気を遣っています。一般的な対応としては、必ず帽子をかぶること、水分をスポーツドリンクで補給するなどです。野外で演奏するわけですが、楽器を直射日光にさらすことになりますので、どうしても楽器がダメージを受けます。トランペットやトロンボーンなどは、火傷しそうなくらい高温になりますし、クラリネットやピッコロなどもダメージを受けます。多くの生徒は、学校の楽器を利用していますが、個人の楽器で応援に参加している生徒もいますので、学校のために個人の財産を提供しなければいけないというのは問題だと思います。

長野 野球の応援歌は、他の応援と差別化するために生まれてきた経緯があります。プロ野球の応援歌はまさにそれですが、学生野球の吹奏楽部の応援の際、校歌を演奏することはありますが、多くは昭和のポップ

スや懐メロが演奏されています。私は、単なるＢＧＭ以上の効果がないのではないかと思ってしまいますし、わざわざ楽器を使って、吹奏楽部の部員がコンクールと重なる時期に動員されて参加する必要が本当にあるのかなと感じていますが、この点に関してはいかがですか。

B 野球部員や保護者から、吹奏楽部の演奏があると非常に盛り上がるし、勇気づけられるということを言われたことがあります。応援合戦という言葉もあるとおり、会場はとても盛り上がります。しかし、長野さんがおっしゃったように吹奏楽部自体も、すぐに自分たちのコンクールを控えています。楽器が高温や直射日光でダメージを受けたり、屋外での演奏では大きな音を出さなければいけないので唇に負担がかかったりして、コンクールの練習にも支障が出てしまうということがあります。吹奏楽部の生徒は、献身的に参加していると感じています。

●練習環境

長野 屋外での応援まではいかなくとも、冷房化されていない音楽室で練習をしているという例は少なくないのではないかと思います。音楽室は、空気の通りが悪いことや、設計上断熱性が高いので40度を超えてしまうようなことが当たり前になっていないでしょうか。音楽室は、防音対策上窓を開放して練習するわけにはいかないことも多いです。昨今、普通教室の冷房化に関するニュースが話題になっていますが、皆さんの練習環境はどのようになっていますか。

A 私の学校では、ここ数年で普通教室にも冷房が入りました。音楽室には元々冷房があります。ただ、部屋が広く、入る人数も多いので、冷房が効いているのかよく分からないという感じですが、40度まではなっていないと思います。練習環境としては、比較的恵まれていると思いますが、それでも水分補給をするなどして、気をつけながら練習をしています。

B 吹奏楽部は、非常に人数が多いので、エアコンが入っている環境であっても、エアコンの効きが悪くなることもありますし、狭い中に大人

数が入るので、合奏中に過呼吸になる生徒もいます。

長野 音楽室は閉め切った上に気密性も高いですから、機械換気が必要ですね。換気と吸気口で人工換気するしかありませんが、換気の量も不十分なところが多いのではないかと想像しています。換気に関しても何か対策されていることはありますか。

A 休み時間は窓を開けています。今の勤務校は、風がよく通りますので換気のことで困ったことはありません。

長野 文部科学省の学校衛生基準では、教室に40人いたら、15分から20分に1回は空気を総入れ替えしなければならないと求めています。その基準をクリアしている学校は少ないのではないかと思います。

B 音を出している間は、窓やドアは開けることができないので、演奏中は、基本的には閉め切った環境です。A先生がおっしゃったように、休み時間に一切の音出しを禁止して換気をするという程度の対応にならざるを得ないと思います。

● **体への負担**

長野 先日、ある外部指導者の方から、楽器を長時間持ち続けることによって側弯症になる女子中学生などが多く出ているという話を伺いました。楽器を保持する姿勢というのは案外負担が大きいものですが、その点について目の当たりにされたことはありますか。

A そこまでは聞いたことありません。休憩を入れて、体の負担のないようにという気遣いは子どもたち同士でもさせています。チューバのような重い楽器は、スタンドに置くようにして、子どもが腕に負担がかからないようにするなどの配慮をしています。バリトンサックス、ファゴットなどは、ストラップを使って肩に負担がかからないようにしています。

長野 かなり配慮されていますね。運動部の場合、救急搬送されるような事故も起こりますが、音楽の場合はどちらかというと慢性的に起こってくるようなものが多いですね。聴覚的な症状に関しては、現役中とい

うよりはむしろ引退した後に起こるような障害が多いのではないかと推察しています。腱鞘炎であったり、肩の筋肉の炎症であったり、ヘッドホン難聴というものが将来的に起こることもあります。

A 打楽器をたたきすぎて、腱鞘炎になった事例はあります。それらに対しては、ある程度うまく付き合ったり、休ませたりということをしています。後に引くということは聞いたことがありません。

B 打楽器の生徒が腱鞘炎になるということはあります。管楽器の生徒が、練習中に過呼吸になることはありますが、救急車で搬送ということはありません。

長野 音楽活動で救急車が来るようなことは、めったには起こらないと思いますが、吹奏楽に限らず、合唱などでも発声法を間違えるだけでも声帯に大きなダメージを与えます。ただ、これは1日や2日でなるものではなく、1年2年単位の蓄積で発生するものです。スペインなどではしっかり研究がなされている領域です。部活動を引退した後の人生においても音楽を楽しんでもらいたいと考えた時、中学・高校生の間に身体のことをきちんと意識させることは必要だと私は考えています。

齊藤 私は、楽器の街と言われている浜松出身です。私が中学で吹奏楽部に入る頃から、吹奏楽熱がすごい街でした。私や私の仲間もそうですが、社会人になってもずっと吹奏楽をやっている方が少なくありません。ただ、今までいろいろ話をしてきても身体に障害が出たとか、その後大変なことになったというような話は聞いたことはありません。これは、吹奏楽をずっと続けているような社会人たちの団体などの協力を得て、一度何らかの調査をしてみる必要はあると思います。

● **演奏会とパフォーマンス**

長野 吹奏楽では、演奏だけでなくパフォーマンスをするということがよくあります。演奏以外のことに労力を割くことが最近目立つと私は思っていますが、なぜそのようなことをするのか私は疑問をもっています。

B　大人の楽団でパフォーマンスをやっている団体もありますけれども、やはり演奏に合わせて歌ったり、ダンスをしたりというような演出をつけるのは、中学・高校生にしかできない取り組みだからだと思います。他の学校がパフォーマンスをやっていたら、自分の学校も何かできないかと、競争原理とか同調圧力に結びついているのではないかなと思います。地方では、その地域ならではの民謡や踊りなどが、吹奏楽と結びついていると感じることもあります。

A　パフォーマンスは、ないと見ている方がつまらないと感じてしまうのだと思います。クラシックですとか、ポップスであっても、「観に行く」という観点のお客さんもいらっしゃいます。「聴きに行く」とはちょっと違うニーズではないでしょうか。子どもたちは、動きをつけることで自分の身体で曲を分かるというか、その曲の雰囲気を体感できるということはあります。

長野　見ている人たちの要望もあるし、子どもたちの欲求もあると思いますが、そうしたことを全て吹奏楽部が担う必要があるのかなと私は思っています。小規模の学校では難しいかもしれませんが、例えば演劇部があるならそことコラボするのも一つの方法だと私は考えます。楽器の演奏以外に労力を割かれるというのはいかがなものでしょうか。

B　生徒自身が、パフォーマンスとか、踊り、演出といったものを望んでいるということではないでしょうか。音楽に合わせて演出を入れた方が音楽がよりよくなるという側面もありますし、入部したばかりの１年生はまだ楽器ができないのでパフォーマンスをするということもあります。やはり、中学・高校生ならではの課題だと感じます。実際問題として、演劇部とコラボするといっても、演劇部の生徒たちはすぐには楽譜を読めませんし、そもそもスケジュールを合わせるということも難しく、余計負担になると思います。

齊藤　高校では、一つの演奏会はだいたい２時間となっています。１部はクラシックとかオリジナル、２部以降にポップスと演劇、ダンス、創作舞台みたいなものがあります。休憩を２回挟んで２時間というプログ

ラムが定着しているように思います。このことが、演奏会の前になると、毎日遅くまで長時間練習をしなくてはならない元凶になっています。私たちが今、掛川の地域部活動で実践している共演（コラボ）の取り組みは、長時間の練習をずいぶん緩和できると思います。（第3章第7節を参照）プロの楽団と同じように2時間の定期演奏会をしなくてはいけないことはないと思います。

長野 掛川の取り組みは、注目しています。コラボなどに先進的に取り組んでいただけるのではないかと思います。

A 1部クラシック、2部ポップス、3部クラシックみたいな形式は確かにあります。生徒にもそうした演奏会への憧れがあるように感じます。部活動は学校の活動ですから、頑張っている我が子の姿を見たい、音を聞きたい、という要望もあります。例えば、1部と3部は合奏でやって、2部は少人数でアンサンブルを組ませる形でやれば一人当たりの曲数は少なくなります。そうした工夫をして2時間の演奏会を組み立てるのもよいと思います。合奏ではトランペットやクラリネットなどのメロディー楽器がスポットライトを浴びがちですが、2部でアンサンブルがあるとなかなか日の目を見ないチューバ、バスクラリネット、バリトンサックス、ファゴットなどの伴奏楽器も開いて楽しんでいただけます。そうした観点からも演奏会をつくっていけると思います。

B 2時間の演奏会というのは、暗黙の了解というか、お客さんに来てもらうには1時間では来てくれないですし、来てもらったからにはそれなりの内容を届けたいと思います。そうしたときに、中学・高校生の演奏だけで2時間行うというのは練習自体も大変ですし、お客さんも中学・高校生の演奏だけで2時間はもたないですね。中学・高校生にしかできない取り組みとして、吹奏楽とパフォーマンス、ダンスが結びついたのではないかと感じます。生徒たちもそれを望んでいるのではないでしょうか。

A 演奏会の目的にも関わることだと思います。私は、2時間の演奏会のためにたくさんの練習をしなくてはいけないとは思っていません。近

隣の学校では、3月の演奏会が多いようですが、受験を終えた3年生も含めて、1年間活動を頑張ったねということを振り返るまとめの演奏会と位置付けているようです。受験でブランクのある3年生でも、3年間の練習の積み重ねがあるので、パッとやって曲の形になっていく感じで進んでいきます。また、新曲が全くないというわけでもありませんが、1年間で演奏した思い出の曲を中心に、子どもたちの負担が少ないように考えています。

●**地域との関わり**
長野 正月三が日に、地域の商業施設でのイベントに吹奏楽部が駆り出されるということを、東北を訪れた際に目にする機会がありました。わざわざ年末年始に、正月休み返上で教員を含めて招くということは、一体どういう意味があるのかなと思っていました。
齊藤 私は、地域から学校の部活動の方に出演を依頼する側です。当然、吹奏楽部が1年間どういう計画で動いていて、学校行事がどのようになっていて、休暇はどうなっているか、ということは事前に把握しています。その上で、どの時期に依頼すれば一番負担が少ないだろうとか配慮をしながら依頼しています。学校の事情をあまり考えないで依頼してしまうような地域や主催者の方がいらっしゃるのかもしれません。
長野 ある県で、吹奏楽祭と音楽祭が1週間の間隔で開かれていた実例があります。それぞれで違う曲を用意していた吹奏楽部もありました。そうしたことは、子どもたちの負担がとても大きいと想像します。民間の商業施設は、イベントでプロを呼ぶよりも子どもたちを呼んだ方が経費的な負担が小さいわけですから、安易に学校に声をかけているというケースも見受けられます。
B 地域の催し物に地元の中学・高校生の吹奏楽部が出演することの効果として、校外に出て人前で演奏するという経験を通して、子どもたちがすごく成長するということがあります。地域貢献という意味も含めて出演をさせていただくということもありますし、地域の方々からみれば、

地域の子どもたちが健全に活動している姿を通して地域ぐるみで子どもを育てていこうという考えも深まっていきます。地域の主催者の方の考えと学校のめざすことが一致しているから成り立っていると感じます。

● **部活動とお金**

長野　吹奏楽は楽器を扱う以上お金がかかりますが、年間の部費として、どのくらい徴収されていますか。ご家庭で発生する負担の額を具体的に教えていただけますか。楽器は、学校で備えているか、個人持ちかについても教えてください。

A　私の学校では、年額1万円です。移動の時には、子どもたちが交通用のICカードを持ったり、集団で動くときには回数券をまとめて買ったりもしますので、プラスアルファはあります。楽器は学校の備品を使うことが多いですが、個人で買いたい人がいれば助言をすることもあります。購入する際にはそれなりに演奏ができる人に付き合っていただいたり、楽器屋さんがプロの方を呼んで選定会を行う日を紹介したりしています。誰も見ていないところで楽器を買うということはないですね。楽器を学校間で貸し借りするということもたまにはあります。

齊藤　私の地元の学校の先生からは、学校には古い楽器しかなくて、多くはお付き合いのある楽器店との関わりで楽器を購入しているケースが多いと聞いています。他の地域の方から聞いた話ですが、「音色や響きの純度を上げるために同じ楽器メーカーで揃えないといけない」という理由で、本人が希望していないものを購入させる事例などもあるようです。

長野　専門家の助言がないままに、顧問の先生や出入りの業者に勧められて高いものを買わされているような話を耳にします。

齊藤　ほとんど個人で楽器を買っている地域もあります。私が中学で吹奏楽をしていたときのことを思い出すと、学校にひととおりの楽器はあって、先輩からのお下がりみたいなものを使いながら、2年3年くらいしてだんだん自分でも吹きこなせるようになってきて楽しくなってき

たなと思ったところで、親に楽器を買ってほしいと言いました。私がトロンボーンを買ってもらったのは高校生の時ですが、楽器はほんとに高価な買い物ですから、そうやってステップを踏んでいくものだと思います。最近は、入部と同時に楽器を買わせるような現実がありますので、この点についても広範囲の実態調査が必要だと思っています。

B 同じメーカーの楽器で統一した方が音程や和音を合わせやすいということは確かにありますし、吹奏楽はオーケストラ以上に音程を合わせなくてはいけない合奏形態だと思います。そうした中で、同じ楽器メーカーにしないとコンクールの出場メンバーから外れてしまうというような現実があるかもしれません。高価な楽器を購入しても途中で辞めてしまう生徒もいますから、大きな課題の一つだと感じます。

長野 家庭の経済状況によって入れる部活動が最初から決められてしまっている状況があると思います。機会提供の場を理由として部活動を残すべきだと考えられている方もいらっしゃいますが、その筋が通らなくなってしまうのではないかと思います。吹奏楽部がお金持ちだけの集団になってしまうのではないのかなと危惧します。

齊藤 同感です。経済的な理由で最初から吹奏楽部に入れない状況については、それはいかがなものかと、強く問題意識をもっています。

A 学校の備品が、非常に老朽化しています。楽器と言っていいのか、というようなものもあります。勤務校には、ニッカンというメーカー名が書かれた楽器がありますが、そのメーカーは1970年になくなっていますので、少なくとも50年近く前のものです。そういう楽器で練習を始めなくてはいけないとしたら、生徒がかわいそうです。そこで、一応最低限これくらいだったら苦労せずにスタートできますよという、いわゆる入門モデルを勧めています。ご家庭の負担がありますので強制はしていません。

長野 部活動が機会保障の場というシナリオは成り立たないのではないかと痛感しています。かといって課外活動に対して学校がどれだけお金をかけられるかということも考えると、学校というところが吹奏楽部を

維持するのは難しくなってくるのではないかと感じます。吹奏楽ですと楽譜の購入も必要ですが、著作権法上コピーは制限されていますが、皆さんはどのように対応されていますか。

B　購入するか、レンタル業者から借りています。

A　購入をしています。他には、版権が切れた楽譜がインターネット上にありますので、それを利用しています。

齊藤　地域の活動で、学校に出演を要請する場合は、イベントの性格を考えて演奏していただきたい曲がある場合は、学校の方に負担がないようこちらで楽譜を買って、それをお貸しして演奏していただくようにしています。

長野　運営に関わるお金のことで、他に気になっていることはありますか。

齊藤　楽器ごとの講師を呼ぶ場合、音楽大学を出た方とかプロ的な専門の指導者ですと、レッスン料として1回2時間から3時間のレッスンで2万円が相場だと聞いています。そうだとすると吹奏楽でしたら10以上の楽器があるわけですから20万円以上かかることになります。20万円を40人の部員で支払ったとして一人5千円です。部活動は、専門の技能を習得させてプロをめざすという方向ではありません。先輩が後輩に教えるのが基本です。非常に問題に感じています。

A　私の学校では、先輩が後輩に教えることを基本としていますが、正直限界はあります。教えるのが上手な先輩もいますが、そうでない先輩もいます。そうした時に、プロの指導者を呼びたいと思いますが、経済的にも厳しいので、実際には、卒業生に頼んだり、近くの楽団の人に来てもらったりしています。また、近隣の学校と合同練習会を開き、触れ合いながら子どもたち同士が学べるようにもしかけています。幸い自分も楽器経験があるので、時間があるときには自分も教えるようにしています。

B　楽器の購入もそうですし、楽器別のレッスン代にしてもそうですけれど、学校の予算だけでは足りないので、実態としては保護者に頼る部

分は大きいと思います。学校の活動ですから、子どもが一生懸命やりたいと言っている状況であれば、保護者もやりくりして協力してくださっているという状況です。いずれにせよ、楽器にしてもレッスン代にしても高額だなと思います。2万円のレッスン料は私の感覚としても高いのではないかと感じます。

齊藤　私の出身地浜松などは、早くから指導者を育成するということを積極的にやってきた土地でもあります。指導者という仕事を生業にするという観点で、こうした金額が設定されているのかなと、皆さんのお話を聞いていて感じました。

● **中学校と高等学校の部活動の違い、小編成化**

齊藤　中学校と高等学校の部活動のあり方について、私が考えている問題意識について、少し話をさせてください。高校生になれば、それまでのいろいろな経験を踏まえて、入部の時に、自主的・自発的に部活動を選択することができます。例えば、長時間の練習などについても主体的に判断していけるだろうと思いますので、自由度は高くていいのではないかと思います。一方、中学校の場合ですが、静岡県内の公立中学校における文化部活動は、ほとんどの学校で、吹奏楽部と美術部くらいしかありません。運動部は入りたくない、でも私は絵心がないからといって吹奏楽部を選択してしまうという場合が往々にしてあります。ところが、入ってみたら厳しい練習が待っていたということが少なくないのです。これは、昔から吹奏楽連盟がそうしているのですが、中学校と高等学校が全く同じルールでコンクールを行っているということに要因があると思っています。高校になって自分で選べれば、ある程度頑張っても私はよいのではないかと考えています。

長野　私は、高校の自由度を高めたいというところは同じですが、楽器の練習を長時間することに伴う体への負荷は決して無視できないと考えています。その意味での規制、一番分かりやすいところでは時間の規制になりますが、やり過ぎに伴う弊害を防ぐための規制は必要ではないか

と思います。中学・高校で私が疑問なのは、発達段階が違う以上、子どもの理解度が違うにもかかわらず、吹奏楽コンクールの課題曲は共通だということです。中学生は、訳が分からず演奏しているのではないでしょうか。読書感想文の課題図書が学年によって違うのに、吹奏楽の課題曲が中学と高校で同じというのは疑問です。高校は、入学時点で定員があるわけですからそんなに生徒数は大きく変動しませんが、中学はどんどん小規模化が進んで活動がしにくくなっている部分があるのではないかと思います。

齊藤 そうですね。徐々にですが小編成化していく傾向になっています。高校も、吹奏楽部が盛んな高校には部員が大勢集まります。もっと活動したいと思っている中学生が、市内だけでなく周辺の市や町から通ってきている高校もあります。中学が小編成化していくことなど、今後のあり方に問題意識をもっていましたので、中学の時に吹奏楽部を経験して、高校に進学したときに吹奏楽部に入らなかった子たちに直接インタビューしました。吹奏楽の特質の一つだと思うのですが、小編成化すると一人が欠けただけで音楽が成り立たないという厳しい現実に直面します。運動部なら、例えば野球部ならグラウンドでプレイするのは9人、ベンチ入りメンバー含めて15人、30人以上いれば半数は応援とかサポートにまわれます。中には無理にレギュラーにならない方が楽だという部員の話も聞いたこともあります。部員の熱量の差がよほどの少人数でなければ、グラウンドで活躍したい子とサポートにまわりたい子、それぞれに居場所があります。吹奏楽部はそういうことは許されないという特質があります。小編成になってしまうと一人欠けるだけでアウトですね。熱量の高い生徒と、この辺でいいやという生徒がいると、その中で人間関係が荒れてしまいます。散々な経験をしたそうです。音楽や楽器は好きだけど、吹奏楽部は入りたくないと辞めて、高校では別の部活動をしているという話でした。これは一例かもしれませんが、小編成になればなるほど、そういう厳しい現実が出てきていると受け止めています。

3. 文化部活動改革の提言
●指導体制

長野 私は、まずアマチュアだけの循環を断ち切ってほしいと考えています。身体への負荷のこと、経済的なこと、楽器の選定のことなど、どれに対応するにしても、高度な知識や技術を必要とします。そういうことに対して、アマチュアの中だけで循環していると余計な負担がどこかで発生してしまうという危惧を抱いています。例えば、課題曲の中には、作曲や編曲上の不備で演奏が難しくなっている曲もあります。こうしたことにアマチュアが気づくことは難しいですから、どこかでアマチュアの循環を断ち切ることが大きな改善につながるのではないかと考えるのです。

B アマチュアでないとすればプロフェッショナルということになるわけですが、そうすると必ず経済的な負担が発生してきます。おっしゃる通りアマチュアだけでは、音楽的な向上は望めないとか、間違った音楽が伝わってしまうという弊害もありますが、経済的な負担が発生するということは非常に大きな問題で、難しい課題だと思います。

齊藤 部活動の基本は、先輩が後輩に教えるということだと思っています。例えば1年に1回、あるいは半年に1回くらいプロの方から指導を受けたとしても、それをしっかり会得して、さらに後輩にも教えていくということがどこまでできるのかということが問題になります。私は、部活動は基本的に練習日を含めて活動日を制限するとともに、活動経費の制限もすべきだと思っています。過熱すればするほど極端にお金がかかってきます。これは部活動の範囲ではないと思います。吹奏楽は毎日吹かないとダメ、という考えも理解できますが、特に中学校では活動日も活動経費も制限して、それ以上やりたい、もっとうまくなりたいということであれば、民間の習い事に行くべきだと思います。大胆に部活動と習い事を切り分けるべきだと本気で思っています。

A 私は、「生徒のためになることは何か」ということを考えて、どういう部活動にしていくかを考えることが重要なポイントだと思っていま

す。プロの方が入れば、高度な演奏技術などを得ていくことはできると思いますが、果たしてそれは生徒たちが望んでいることなのかどうか。それは子どもたちの未来に本当につながることなのかどうか考えなくてはいけません。音楽の道に進むとか、高校、大学と音楽を続けていくと考えている生徒はそれでもいいと思いますが、この学校で一番楽そうな部活動は吹奏楽部だからという理由で入部している生徒もいます。そういう生徒が、高度なことを言われて、厳しい練習を続けていくというのはどうだろうかとも思っています。教員になってから特に思うことですが、生徒はたくさんの可能性をもっていますので、違う世界を経験する中で、なお吹奏楽を選ぶのであれば、情熱をもってきちんとやっていけばいいのであり、中学校の段階で、道を絞る必要はないと考えています。ちなみに、今顧問をしている学校には、バレエやダンスなど、いろいろな習い事を優先している子がいます。日程が重なって、吹奏楽コンクールの本番に出られないと平気で言ってきますが、一応認めています。それでも音楽と触れ合っていきたいという生徒を受け入れています。もちろん、賛否両論あると思いますが。音楽に触れ合う機会を中学生の間にきちんと与えて、本気でやりたいようであれば、その先につながるような基礎的な奏法や、音楽の解釈などもきちんと教えてあげられる条件があればいいなと思って日々取り組んでいます。

長野 一点補足させてください。プロの方を呼ぶということは、高度な技術を教えるためだけではありません。プロ野球選手を引退した方が子どもにレクチャーするイベントが全国で行われていますが、それと同じような考え方です。プロの方々の思考回路にちょっと触れてみるという程度で構わないのです。プロだから高度なことを要求するということではなくて、プロの方に触れて考え方の部分の根本が変わってくれば、日々の練習の方向性も変わってくるのではないかなと思います。年に1回、2回呼んで、そういう機会をつくってあげたいということです。

B 私は、部活動の本来の意義は、中学・高校時代に経験したことが生涯の趣味として続けていけるように、ということではないかと思います。

昨今では吹奏楽コンクールが終わってしまえば引退とか、高校で吹奏楽部を引退してしまうと音楽から離れてしまうというような生徒がいるというのは少し悲しく感じます。吹奏楽が楽しいのは、自分もそうでしたけれど、一人じゃなくてみんなで演奏できる、合奏するというのが一番の楽しさだと感じています。経済的な部分の制限という話がありましたが、現役の教師の立場からすると、それもちょっと難しい側面があります。外部講師の回数を制限すると、結局、顧問の負担が増えてしまうのではないかということです。

長野 外部指導者について、私は一番問題なのは指揮者だと思っています。個々の楽器について演奏技術の指導に入るのは大変ですが、指揮者でしたら一人で済むわけですから、そこを変える必要があると考えているのです。指揮者は、全ての楽器のプレイヤーでありませんが、楽器に関する学問もきちんと修めている方々ですから、指揮者だけでも年に1回、2回で構いませんから、指導に入っていただくだけでもずいぶん違うと思います。まず、そもそも指揮って何だろうというところから変えていくと、そんなに経費もかけずによい方向にもっていけると思います。

A それについて反論する形になりますが、指揮者はやはり楽器の細かいことまでは指導しきれないと思います。楽器の演奏の仕方をきちんと生徒たちに教えてくれる方でなければ、現場としては厳しいと思います。サウンドや音楽の解釈ということはありますけれども、それもまずは実際に音にしなければいけませんし、生徒も演奏者としての責任を負っているわけですから、そこにちゃんと寄り添っていただけるような方でなければ、あまり有効ではないと思います。

B 中学・高校の吹奏楽部においては、指揮者の要素とトレーナーとしての要素が求められます。指揮専門の方ですと、指揮法や音楽解釈だけの指導にならないか心配です。それよりも現場の吹奏楽部で必要なのは、楽器のトレーニング技術や、音程や和音を合わせる技術などです。楽器ごとの特性や子どもたちのことが分かってもらえる方にお願いしたいと思います。A先生と同感です。

長野 指揮者の説明をするのは難しいですが、私は、お二方がおっしゃったことまで踏まえている方が指揮者だと思っています。

A それは少し違うと思います。指揮者は、作曲者の意図を汲み、音楽の解釈をして、それを演奏者の力を借りて音として再現するということです。自分はこれまで、いろいろな指揮者と触れ合ってきていますが、立派な指揮者であればあるほど、プレイヤーを信頼し、プレイヤーが出す音を音楽としてまとめ上げていくマネジメント能力の高さを感じます。子どもを伸ばすというところでは、子どもの方向づけみたいなのは指揮者にできると思いますが、日常的に生徒に寄り添って育てていくということは、かなり難しいと思います。

齊藤 私の地域は特別なのかもしれませんが、指揮者でもある程度全体をしっかり見ることができる方ですと、パート別の講師とは違って、1回に5万円、高名な方でしたら10万円が講師料の相場だと聞いたことがあります。現場としてはあり得ない金額です。指揮も含めて全体を指導できる指揮者の方がどれだけいらっしゃるかということもあります。また、高校時代に吹奏楽熱が高かった方が、音楽大学の吹奏楽コースで学ぶ傾向はあると思います。その方が音楽の素晴らしさを学ばれて、かつ子どもたちに寄り添っていけるようであればよいのですが、コンクール熱に浮かされて何とかよくしようと、とにかく厳しい方向に行かれてしまうとそれは逆効果だと思います。もう一つ、1990年代以降の吹奏楽コンクールにおいては、サウンド作りを重視するという方向性が顕著にあります。ですから、バンドディレクター的な力がないと成果に結びつかないという現実があります。それを否定はしませんが、指揮者ということに関しては、難しい現実があると思います。

A 私が講師にプロの方を積極的には頼まない理由がいくつかあります。お金がかかるということも大きいですが、大きな理由の一つは生徒にきちんと接していただけるかが不安だということです。部員は1年生から3年生までいるわけですが、1年生は正直言って言葉が通じない、音楽的なことも分からない状態です。そこからスタートして、地道にき

ちんとやっていただき、3年生になった時に、私と一緒に「あの子、本当に成長したね」と喜んでいただけるような指導者を希望しています。これは、職業音楽家ではなかなか難しいところです。言葉では言えない問題も大きく含んでいます。

長野 アマチュアの循環を断ち切ってほしいという私の意見に関しては、賛否両論があると思います。それぞれの立ち位置もあると思います。いずれにせよ、将来的に中学や高校を卒業しても音楽を楽しんでいただけるように、プロになる必要はないわけですから、生涯の趣味としてどこかに音楽がある生活をできる人を育てられたらよいのではないかと思っています。それは音楽に限らないと思いますけれども、部活動のあり方の一つかなと思います。

齊藤 私も、プロが入るべきという考えに賛成です。1年に1、2回、技術的指導も含めてみていただくというのは、経費的に可能であれば、それはよいことだと思っています。ただ、音楽芸術との出会い方というのは、必ずしも自分がステージに立って演奏してよかったということだけではありません。掛川の地域部活動では、優れたアーティストの演奏を観賞したり、交流したりすることによって、自分が演奏だけでは味わえないものを肌で感じる機会をつくっていくということがとても大事だと思っています。これまでの吹奏楽のあり方は、練習と発表の繰り返しで、そのために長時間の練習をするということしかやっていません。それを変えていくには、地域の文化事業を利用したり、一定の経歴がある優れたパフォーマンスを発揮してくださるような方に機会を設けてもらえるように設定したりして、様々な環境を、顧問や大人がつくってあげることが必要です。今の吹奏楽部の活動で欠けている部分だと思いますし、その意味においてアマチュアだけでくくってしまっていると私は思います。

● **未来への提言**

長野 掛川の取り組みは非常に参考になると思います。音楽活動は、演

奏だけではありません。作る、聴くということも主体的な音楽活動です。どんなあり方でも構わないわけですから、音楽に興味があり続けられる人を育てられたらいいなと思いますし、そのきっかけづくりが部活動になればいいなと思っています。

齊藤 私のふるさと浜松市は吹奏楽が盛んですので、市も相当なお金をかけて様々な文化事業を行っています。ほぼ全部の学校に吹奏楽部がありますから、大人になっても吹奏楽をしている人口は相当なものだと思います。一方で、大人になっても地域の文化事業とつながって、豊かな文化に触れる生活をどれだけの人がしているかという点では、心許ない状況です。特にクラシック系の音楽に顕著に表れていますが、ほぼ高齢者の方々の趣味になってしまっていて、このままでは、20年先、30年先は存続しないというのが明らかです。街で有料のオーケストラやオペラの公演が開催されても若い年代の人はほとんど行きません。高齢者ばかりです。私はこの後、何十年か後には、地方都市から、特にクラシック系の音楽、文化芸術公演的な事業が、ほとんど壊滅すると思っています。そうした時に、吹奏楽文化は、最も残らなければいけないものだと私は考えています。音楽大学の卒業生が中心になったプロの吹奏楽団が地方にもできるようになってきて、非常に質の高い芸術表現が地方でも展開され始めています。クラシック系の音楽に代わって、吹奏楽が地域の文化を潤すようになっていかなければいけないと考えています。大都市圏ではクラシック音楽はずっと残ると思いますが、地方都市で壊滅していくことは間違いありません。こうした意味でも、吹奏楽界は中学校からのあり方を根本的に見直して、生涯に渡って音楽、芸術文化と関われるように、未来を見据えた改革を今こそしていくときだと、私は主張します。吹奏楽連盟にも将来を見据えた提言を積極的にしていきたいと本気で考えています。長い時間をかけて築かれてきた吹奏楽文化の一番の礎は、先人の皆様の熱心さと、中学・高校での子どもたちの頑張りだということは間違いないと思います。吹奏楽文化は、日本の宝だと言えると思います。ちょうど今がいろいろなことを見直すターニングポイン

トです。吹奏楽界あげて、未来に向かって大きく見直す必要があると付け加えさせていただきます。

A 中学校での部活のあり方について、皆さんのお話を聞かせていただきながら、どのようにしていくことがよいのだろうと考えていました。現場の先生は、それぞれのお考えで活動されていると思います。生徒の負担を考え、教員の負担も考えて、「やれるところで、やれることを、きちんとやる」ということなのかなと思っています。これが正しい形だというように一つにまとめる必要はないと思いますし、それはできないと思います。また、部活動をある程度やっていく中で、「もう嫌だ」と言い出す生徒が出てくることがあります。それは、確かに残念だなと思う反面、自分の特性を知るという意味では受け入れてよいことだと思います。人間関係で悩むということもあるでしょうが、吹奏楽部では一人ひとりがプレイヤーとして穴を開けたら成り立たないという責任をもつことが求められて、みんながチームで一つのものを作っていくという経験をする場としてとても貴重だと思います。そんなことを学ぶ場として吹奏楽部が一つ子どもたちの壁となっていくことも、過熱しないことを前提として、私は否定しません。

B 部活動は、中学、高校時代に経験したことを生涯できるように続けていくというのが本来の趣旨だと思います。スポーツは年齢とともにできなくなってしまうということがありますが、音楽は一生続けられる趣味です。いろいろな課題はありますが、本来の趣旨通りの部活動であるべきだと改めて思いました。

長野 生涯楽しめる趣味として音楽が機能してほしいと思います。過熱して吹奏楽の中で難聴になってしまったというようなことはあってはならないことですから、そうしたことを防ぐためにも上限規制、一番分かりやすいのは時間だと思いますが、それを設定することは必要だと思います。また、自分には合わないということに気づいた時には、すぐに他に行ける余地を残しておく必要があります。部活動は本来任意の活動として、強制性があったり無理強いをする場であったりしてはならないと

いうことを確認しておきたいですね。

A 吹奏楽部で学んだことは何かということを、「吹奏楽部から吹奏楽を引いたところで学んだことは何か」と生徒に問いかけていた先生がいました。それが一つでもきちんと学べていれば、生徒が育ったという意味で、将来に生きるのではないかと考えます。最終的には、生徒が自分で考えて、自分で成長していければいいなと思っています。そのためのはたらきかけを、外部指導の方や保護者、地域の方、教員がそれぞれの立場で一緒に考えたらいいのではないかと思います。

長野 3時間ほどにわたって、吹奏楽部の現状と課題、そして、それを解決していくための手立てなどについてお話を聞かせていただきました。課題を解決していく道筋もそう簡単ではないということも分かりました。同時に、教員としてどうすればいいのか、それを支える音楽家としてどのように関わっていけばいいのか、様々な方向性とか改善のベクトルが見えたようにも思います。教育論、文化論、様々な論が行き交って、大変勉強になりました。ありがとうございました。

（編者注）
　ここで使われている音楽用語については、一般読者を想定して、専門的な用語ではなく日常的に使用される言葉を一部優先して掲載していることをご了承ください。

第5章
学校の働き方からみた文化部活動の現状と未来

教育研究家 **妹尾　昌俊**

1．倒れていく教師たち

（1）まじめで熱心な先生が……

　愛知県立商業高校の男性教諭（42歳）が、2009年10月午後11時45分頃、コンピュータ実習室において仰向けに倒れていたところを巡回中の警備員に発見され、救急搬送された[1]。数日後にくも膜下出血で死亡した。この教諭は全国大会で3年連続団体優勝していた情報処理部の顧問を務めており、休日も8：30～16：00頃まで部活動に関わることもあった。

　校務分掌では、教員や生徒用のパソコンの修理を行うなど、種々雑多な作業を行っていた。学習指導では、情報処理試験対策等も担っていた。

　2017年3月地裁にて公務災害による過労死と認める判決が出た。判決では、教諭が倒れる直前1か月間の時間外勤務は少なくとも95時間余と認定。行政の過労死認定基準基準（100時間）に照らして「特に過重だとは肯定も否定もできない」としながらも、教諭が担当していた授業、部活動顧問、多くの校務、体験入学の準備などの勤務内容の「質」とあわせて総合的に検討した結果、過労死と判断した。

　　　＊

　長野県立伊那北高校の神田厚教諭（39歳）は2001年12月自宅の寝室でくも膜下出血のため亡くなった[2]。

　神田さんは、現代文の教師で、3年生の進路指導と文芸部の顧問を担当していた。受験対策の教材づくりや進路相談を熱心に行っていた。副教材など独自の教本用ノートも大量に残っている。県高校文化連盟の事務局を引き受け、詩の審査委員として、生徒の夏休み中も詩の評論等の

作業にあてていた。

「体が動かないんだ」。神田さんは亡くなる前、布団から上半身を起こし、そうつぶやいたことがあったという。深夜まで自宅の机で授業の準備に追われ、小論文の添削指導のために看護系や芸術系の専門書も読んでいる姿を、妻の直子さんは見ていた。当時進学校のこの高校は、全国模試の結果が過去数年に比べて落ち、受験対策へのプレッシャーは強まっていた。

2001年12月12日、神田さんは精神的に不安定だった生徒を、自分の車で病院へ送った。「生徒の命にかかわる問題だから」。自身も体調を崩して早退する予定だったが、38度半ばの熱を押して運転した。午後8時過ぎ、帰宅した神田さんはぐったりしていた。神田さんが亡くなったのはこの翌々日である。

(2) 多くの教師が過労死ライン超え

読者のみなさんは、この2人の、とても生徒思いで熱心な教師の死をどう感じただろうか。どうして、一生懸命頑張っていた先生が、40歳前後の若さで犠牲となったのか、いたたまれない。

それぞれ約10年前、15年以上前に起きたことであるが、うちの学校でも、あるいは全国どこかで今起きても不思議ではない、と思われた方も多いのではないだろうか。

実際、国の教員勤務実態調査の2006年と2016年の結果を比べると、この10年で中学校教員の労働時間は増加しているし、その内訳として、とりわけ部活動に費やす時間が増えている。高校について、2016年の国の調査では対象外となってしまったが、進学や部活動で中学校以上に競争の激しい学校も多いので、超過勤務がひどい先生は少なくないことが予想される。

愛知教育大学等の2015年実施の調査によれば、平日11時間以上働いている教員は小学校64.8％、中学校75.0％、高校54.3％[3]。これに土日の部活動や残業、平日・休日の自宅仕事を加えると、これらの割合

の教師は、過労死ラインを軽く超えてしまう。

　本書は文化部のあり方について考える一冊であるが、文化部、運動部と問わず、部活動の現状と今後を考える上で、避けて通れないのが、教師の負担の問題である。

(3) 部活動問題は運動部だけにあらず

　図1は、国の教員勤務実態調査（2016年実施）をもとに、部活動の種類別に、平日ならびに土日の1日あたりの部活動に費やす時間を見たものだ。美術部やその他文化系部の顧問は、運動部と比べると時間は短めである。一方、吹奏楽部は運動部とそれほど見劣りしないくらいの実態であることが分かる。吹奏楽部は"運動部以上に体育会系（ハードだ）"などと言われることがあるが、このことはある程度データからも確認できる。

図1　部活動状況別の1日当たりの部活動勤務時間
（中学校教諭）（時間：分）

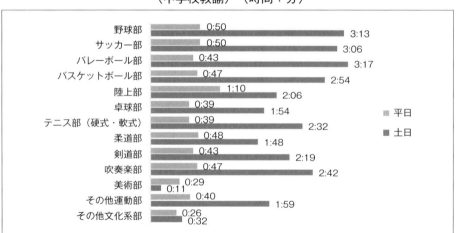

出所）文部科学省「教員勤務実態調査（平成28年度）の集計（速報値）について」（2017年4月28日）

しかも、これは全国の中学校の平均的な姿に過ぎない。学校によっては平均値よりもはるかに過熱化しているところもある。吹奏楽部だけを槍玉にあげたいわけではないが、その顧問の教師（異なる地域の複数人）が「年間360日練習していた」と話してくれたこともあるし、小学校でも金管バンドや合唱などではとても熱心にやっているところも多い。国等の調査データはひとつの目安にはなるが、それだけではつかみきれない現実も多い。

2．もっとしたい生徒がいるのに、なぜ規制するのか
（1）スポーツ庁・運動部ガイドラインは守られるのか

　こうした現実を踏まえて、運動部については、国が動いた。スポーツ庁が2018年3月にガイドラインをつくって公表したのだ。週2日休み、平日の活動は2時間まで、休日は3時間までといった内容が盛り込まれている。

　中学校の部活動指導員の国の補助（2018年度）を受けるには、補助を受ける部活動以外も含めて、国のガイドラインを遵守していることを文科省は求めているし、国は相当本腰を入れて現場に浸透させたい構えだ（文化部についても当面スポーツ庁のガイドラインに準じた扱いをする）。

　もっとも、あくまでもガイドラインであって、法的な拘束力はないし、本当に遵守しているかどうかをきちんと確認できるかなど課題は残されている。それに部活動指導員の補助を受けない教育委員会や私立学校には、こうした補助事業によるアメとムチは及ばない。

　こうなると、ガイドラインの趣旨を多くの方（校長、教職員、教育行政や私学の関係者、保護者、OB、それに児童・生徒等）にきちんと理解してもらい、皆で守ろうという気持ちになってもらうしかないのだが、これはまだまだ道半ばであるようだ。実際、職員室ではガイドラインの存在など話題に上らないとか、一応休養日は設けていても顧問ごとに任されておりきちんと運用されていないといった学校現場の声もわたしは

よく聞く[4]。また、休養日であるにも関わらず、"自主練"と称して生徒を集めている例もある。

　国や教育委員会、学校法人等が一定の規制やルールを設けても、学校現場では以下のような壁がある（表1）。スポーツ庁のガイドラインに限らず、文化部についても同様である。

表1　部活動ガイドライン等の規制、ルールの遵守を阻む壁

①認知の壁	校長または教師（顧問）がガイドライン等の存在を知らない。
②理解の壁	校長または教師がガイドライン等を知ってはいても、守ろうという気持ちになっていない。
③実行の壁	校長も教師もガイドライン等を守ろうという気持ちになっているものの、保護者やOBの反対などもあって（あるいはそういう反対を学校側が"忖度"して）、実行できない。

　①認知の壁に対しては、ともかく周知していくしかない。マスコミ等による報道や先ほどの国の補助事業などもこれに寄与するだろう。だが、認知されても、②理解の壁と③実行の壁も高い。

　そこで、筆者も委員として加わったスポーツ庁の有識者会議では、部活動の問題を教師の負担の観点からのみ捉えたのではなく、生徒にとっての影響をよく議論して、ガイドライン中に盛り込んだ。
「もっと練習して強くなりたい。大会でも勝ちたい」と言う生徒たちも多いのに、なぜ活動時間等の規制をするのか、という問いをどう考えるか。子どもたちのために熱心に頑張る先生は多いが、過熱した部活動が「子どものためにならない」危険性もある、ということをガイドラインでは強調したのだ。

　有識者会議では、子どもへの影響の最たるものとして、スポーツへの参加時間が長ければ長いほど、怪我やスポーツ障害になる確率が高くなることを重くみた。週16時間以上の場合、ないし"年齢×1時間"より多い場合は、怪我等の発生率が高いとの研究が複数あったためだ。

　つまり、部活動の過熱や熱血指導によって、「生徒をつぶすな」とい

うことである。

(2) 文化部活動をなぜ規制するのか

だが、本書の対象とする文化部活動の多くでは、運動部ほど怪我のリスクは高くないであろう（音楽系や演劇、ダンスなどでは長時間の練習が怪我等を誘発する可能性は残るだろうが）。

このため、とりわけ文化部活動については、怪我等のリスク以外の影響もよく考えるべきだと思う。具体的には、次の2点である。

第1に、部活動に熱心に打ち込み過ぎては、バーンアウト（燃え尽き）のリスクが残る。また、たとえバーンアウトというほどではなくても、「もうやりたくない」と思う児童・生徒を増やすことになる可能性は高いであろう。スポーツ庁のガイドラインの趣旨のひとつは、生涯にわたってスポーツに親しむ人を増やすというところにもある。これと同様のことは文化芸術活動についても言える。

第2は、子どもの時間という観点からだ。わたしは、スポーツ庁の有識者会議の最終回で次の趣旨の発言をした。

> 7時半から朝練をして、放課後は19時まで練習する。そんな部活動は全国あちこちにあります。では、その生徒たちの残された時間はどのくらいでしょうか？通学時間を除くとあと11時間ほど。生理的な活動、つまり、メシ、フロ、トイレなどに約2時間かかると、残り9時間です。この中から、勉強をしたり（家庭学習や塾）、友達とLINEでやりとりしたり、家族としゃべったり、ゲームなど自由気ままに過ごしたりする時間を、そして睡眠時間を捻出しないといけません。
>
> 勉強時間や睡眠時間を削らないとかなり無理がある1日だと思いませんか？部活動のやりすぎはなぜいけないか。24時間は限られているのだから、部活動があまりにも子どもたちの自由時間等を侵食してはいけないのです。

実際、国に先駆けて、また国以上に思い切った部活動ガイドラインを策定した静岡市は、子どもの部活動以外の時間を確保することを大きな理念とした。子どもたちのStudy、Sports、Societyの3つのSのバランスをもっと取っていこうという静岡市のコンセプトには、共感する方も多いと思う（文化部についてはSportsのところをArtsなどと読み替えてもらいたい）。

　関連して、中教審の「チームとしての学校の在り方と今後の改善方策について」の答申（2015年12月21日）にはこんな一節がある。

> 　学校という場において子供が成長していく上で，教員に加えて，多様な価値観や経験を持った大人と接したり，議論したりすることは，より厚みのある経験を積むことができ，本当の意味での「生きる力」を定着させることにつながる。
> 　そのためにも，「チームとしての学校」が求められている。

　部活動には様々な教育効果がある。目標に向かって頑張ること、仲間と協力すること、粘り強くあきらめないこと等を学び、人間力や社会性を高める場になる。しかし、長時間の部活動では、顧問ならびに同じ部活動仲間との人間関係がウェイトを占め過ぎるために、子どもたちの学びが狭くなりかねない。子どもたちが多様な価値観をもった人と触れる時間を部活動が奪ってはならない。

(3) 活動規制の実効性をあげるには

　さて、文化部だろうと運動部だろうと、ガイドライン等の活動規制、ルールが意味をもつ、実効性をもつためには、何が必要だろうか。少なくとも3点考えたい。

　第1に、これまで述べてきたように、長時間の練習等は「子どもたちのためにならない」ということを校長や教師、ひいては保護者やOB

等もよく理解していく必要がある。

　第2に、多くの人で足並みを揃えて協力していくようにすることだ。

　ゲーム理論などで「共有地の悲劇」と呼ばれるものがあるのはご存じだろうか。たとえば、ある共有の牧草地で5人が羊を飼っている。5人で協力して草を分け合っていれば、持続可能で問題ないのだが、だれか1人が自分の羊だけ太らせたいとたくさん食べさせた。すると、ほかの4人も食べさせたいと乱獲競争になって、結局その共有地は荒れ放題になり果ててしまったという話だ。

　周りと協力すれば誰にとってもいい結果であったものが、自分の利益追求だけを図ろうとしたため、最終的には誰にとっても悪い結果になってしまうことを指している。

　部活動で言うと、"共有地"とは、子どもの安全と心身の健康であり、また健全な育成でもあり、子どもや教師にとってのワークライフバランスでもあろう。

　つまり、大会で勝ちたい、入賞したいからと言って、自分の学校だけガイドライン等から抜けようとするのは「共有地の悲劇」を生みかねない。学校教育の一環として行っているならなおのこと、校長や教師には、自分たちの行動の先に何があるのか、教育者として胸を張れる行動かどうかをしっかり考えてもらいたい。

　第3に、部活動の過熱化に火を注いでいるものに対処していくことである。そのひとつは、部活動の実績が生徒の進路に影響することだろう。少なくとも、義務教育段階の成果を確認する中学校入試や高校入試においては、国公立・私立を含めて、部活動の実績を過度に評価することがないようにしていくべきではないか。

　関連して、大会やコンクールのあり方の見直しも重要だ。数を減らしていくことや小中学校段階では都道府県大会までとすることなども検討していくべきだと思う。

3. 働き方改革のなかでの部活動改革の意味

(1) 教師の限られた時間を何に、どう使うか

「子どもたちの自由時間等、部活動以外の時間も大切だよね」という話を先ほどしたが、これは、教師にも当てはまる。

実際、国や教育委員会による教員勤務実態調査やOECDの国際比較の調査等からは、日本の中学校、高校の教師が部活動に費やしている時間は、諸外国と比べても格段に多く、授業準備の時間に匹敵するか、それ以上という人も多いことが分かっている[5]。

折しも、新しい学習指導要領では、より質の高い教育が求められている。それは、インターネットやAIなどがどんどん便利になってきている時代に、単に知識だけを教え込んでも、今の中高生等が社会人となったとき、あまり役立たないのでは、という認識があるからだ。コンピュータや海外の安い労働力で代替しにくいことができる力、すなわち、創造性や思考力、問題解決力等をもっと伸ばす教育にしていこうというのが、新学習指導要領の大きな理念、背景である。

子どもたちの創造性等を伸ばしたいのに、教師が仕事に追われて、過労死ラインを超えるほどの長時間労働という状態では、教師自身の創造性等は高まらない。

また、穴埋め問題のプリントを作って解かせるとか、講義一辺倒だけの授業では、子どもたちの主体性や思考力を育てる上では課題がある（それらの授業方法がすべて悪いという意味ではないし、基礎的な知識も重要なのは言うまでもないが）。多くの教師にとって、授業準備の質をもっと上げていく必要があろう。

こうなると、教師の時間に占める部活動のウェイトは、大き過ぎはしないかということが、今以上に新指導要領のもとでは問われることとなる。つまり、部活動によい効果はたくさんあるとしても、かけている時間をもう少し減らしていかないと、ほかのもの（授業準備や教師の自己研鑽の時間等）が犠牲になっていないだろうか、という認識である。

(2) おわりに

　冒頭で紹介した愛知の先生と長野の神田厚先生がそうであるように、日本中のほとんどの教師は、教科指導と部活動だけをしているのではない。生活指導・生徒指導（給食や清掃の時間も含む）や膨大な校務分掌も抱えており、一人で背負うには過度なマルチ・タスクである。「教師が授業や授業準備等の教師でなければ担うことのできない業務に注力できるようにする」ことが、学校の働き方改革に関する中教審中間まとめ（2017年12月22日）でも強調されているように、教師の限られた時間とエネルギーをどこにもっと使うべきなのか、教職員自身はもちろんのこと、校長も、教育行政や私学の関係者、保護者等も、もっと優先順位を考えるべきである。

　教師が長時間勤務により疲れた状態では、よい授業も、児童・生徒の心にしっかり寄り添うこともできるとは思えない。ましてや過労で倒れたり、病気になったりする教師を、もう一人も出したくない。文化部を含む部活動改革は、子どもたちのためにも、教師のためにも、待ったなしである。

注
(1) 本事案については名古屋地裁判決文等を参照。
(2) 遺族は地方公務員災害補償基金に公務災害の認定を求めたが、2011年3月、東京高裁は、訴えを退けた一審・長野地裁の判決を支持し、遺族側の請求を棄却した。本事案については信濃毎日新聞2009年4月26日等を参照。
(3) 愛知教育大学・北海道教育大学・東京学芸大学・大阪教育大学（2016）『教員の仕事と意識に関する調査』
(4) 内田良・斉藤ひでみ・工藤祥子（2018）『教師の「ブラック残業」－「定額働かせ放題」を強いる給特法とは？！』等も参照。
(5) 詳しくは、妹尾昌俊（2017）『「先生が忙しすぎる」をあきらめない－半径3mからの本気の学校改善』や「東京都公立学校教員勤務実態調査の集計結果について」等を参照いただきたい。

第6章
校友会活動の時代の「自主・自発」とは
―戦前期の中等諸学校における文化部活動―

学習院大学教授　斉藤　利彦

はじめに

　まずは、今日の高等学校の前身である、戦前期の旧制中学校・高等女学校・実業学校等の中等諸学校において、どのような文化部が活動していたのかを明らかにしてみよう。その上で、そこに表れていた生徒たちの「自主・自発」性の態様とその質とを検討することとしたい。

1．校友会における各種の文化部の創設

　戦前における文化部は、校友会所属の「部」として存在していた。校友会は、戦前の高等教育機関や中等教育機関につくられた学校ごとの組織であり、生徒・職員・卒業生などが会員となっていた。中学校では、明治20年代頃より校友会が設立され始め、やがてほとんどの中学校や高等女学校、実業学校でも校友会がつくられるようになっていった。

　校友会は、設置が義務づけられたり、あるいは文部省が何らかの基準を示したりしたものではないため、学校によって多様な形態を示していた。名称においても、学友会、同窓会、さらには各校の伝統や地域の環境に依拠した様々な個性的な名称が用いられる場合もあった。

①明治時代の文化部活動

　それでは、近代日本の中等教育の濫觴（らんしょう）期というべき明治期の中等諸学校で、まずはどのような文化部が存在していたのだろうか。それに関する全国的なデータは管見の限りでは存在していないが、唯一それに近い史料として注目すべきは、1898（明治31）年4月に開発社から刊行された三井原仙之助編『全国公立尋常中学校統計書』（国立国会図書館

所蔵）である。その中に収められた「第十四表」が重要な意味をもつ。この「統計書」は明治30年の調査をもとに作成されたものであり、北海道から沖縄までの全国の150を超える中学校のうち120校から回答が寄せられている。その中から、文化部の活動が記されている尋常中学校を示せば、以下の通りである。

なお、この「尋常中学校」という名称は、1899（明治32）年に中学校令が全面改正され、以後はその名称は廃され、「中学校」が使用されることになる。

青森県第一	文芸、運動、雑誌
同　第二	文学会、運動会
宮城県	撃剣、柔術、ベースボール、演説、又は朗読
山形県	雑誌発行、演説、討論、遊技、運動
茨城県	講和、英語（練習）、雑誌、運動、野球、ロンテンス、撃剣、柔術
同　土浦	雑誌、演説、討論、運動
群馬県	講談部、雑誌部、運動部、雑誌は年五回発行す
東京府	文芸、武芸、運動、遠足、遊泳の各部
新潟県北浦原	演説、談話、運動、競技、遠足
同　長岡	演説、討論、講義又年中四回雑誌を発刊す
富山県	運動部、雑誌部及び演説部
同　高岡	文芸部には演説、討論、雑誌発刊等 武芸部には撃剣、柔術、打球、遊泳等
静岡県韮山	雑誌部、講演部、運動部
滋賀県第一	雑誌、演説、討論、陸上運動、水上運動
岐阜県岐阜	雑誌、講談、運動
同　大垣	講談会、雑誌年三度発刊、運動会
愛知県第一	雑誌、講談、運動
同豊橋	運動部、談話部

奈良県	文芸部、武芸部、運動部を設く
京都府	雑誌を発刊し、講談及水陸運動
大阪府第一	年三回雑誌を発刊し文芸、武芸、運動の三部
同　第六	談話会、陸上諸運動、漕艇、野球
兵庫県姫路	遊戯、運動、談話
岡山県岡山	演説、討論、武術、雑誌刊行、運動等
同　津山	学芸部、運動部、会計部
広島県第一	雑誌発行また文芸、運動の二部あり
同　第二	文芸、武技、遊技の三部に分つ
山口県岩国	学芸部、運動部に二部あり
鳥取県	文芸、運動の二部に分つ
島根県第一	事業を分けて三とし雑誌部は雑誌の編纂に従い、講談部は毎月一回（総会は一年に二回）の講談会を掌り、運動部は漕艇、撃剣、柔術、ベースボール、フートボール、ロンテンス等運動に関することを掌り毎年二回大会を催す
香川県高松	文芸部は討論演説を為し一年三回雑誌の発刊あり　武芸部は撃剣、柔道、角力、競争、野球の技を試む
同　丸亀	文芸、武芸に分つ　文芸は演説、討論、談話、武芸は遠足、漕艇、ベースボール、ロンテンス、フートボール
愛媛県	雑誌部、演説部、運動部に分る
福岡県久留米	雑誌、撃剣、柔術、弓術、演説、遊戯の六部に分つ
長崎県	演説、討論、運動会及び年二回学芸雑誌発行
鹿児島県第一	陸上運動部、海上運動部、文芸部を置く
同　造士館	文芸、運動の二部に分ち、文芸部は演説、討論等　運動部は水陸諸運動等を演習す
沖縄県	雑誌部、演説討論部、陸上運動部、水上運動部、基球部

以上のように、文芸部や雑誌部(『校友会雑誌』の編集を行う)が多くの中学校で創部されており、また、今日の高等学校ではほぼ消滅したと思われる、弁論部や演説部、講談部がほとんどの中学校で存在したことが注目されよう。この演説部は、三田演説館を設置した慶應義塾から始まったとされるが、中学校も含めかなりの普及を見せており、近代日本の学校文化部活動の主要な柱の一つであったことを見逃してはならない。
　なお、柔道部、剣道(撃剣)部、野球部、陸上競技部、漕艇、ロンテンス、フートボール等の多様な運動部が、当時から創設されていたことも確認できる。

②昭和期における文化部活動
　上記の史料は、明治30年代の、いわば黎明期の文化部の成立の状況を全国的な視野の下に明らかにするものとして、きわめて大きな意義を有するものである。しかし、中学校に限定された史料であり、高等女学校や実業学校を含め、戦前期の文化部の全体像を知るためには、その活動がより活発となった昭和期に焦点をあてる必要がある。これらの活動は、各校の『校友会雑誌』に「部報」として報告・掲載されている場合が多く、ここでは収集し得た限りでの『校友会雑誌』等を手がかりに考察してみよう。
　なお、以下の(　　)内は、『校友会雑誌』等の誌名と刊行年を示すものである。
○中学校
　青森県弘前中学校　講演部、図書部、園芸部　(『校友会報』1934年4月)
　茨城県鉾田中学校　弁論部、図書部、雑誌部、園芸部　(『校友会誌』1932年3月)
　東京府立第一中学校　雑誌部、尚徳議会、耕文会、音楽部、弁論部、科学研究会、園芸部、書画部、写真部、地歴部、作

文研究会、作業研究会、速記同好会、生物研究会（『日比谷高校百年史 上巻』1979 年）

京都府第一中学校　物理部、絵画部、博物部、園芸部、地歴部、俳句部、天文気象部、書道部（『学友会誌』1940 年 12 月）

山口県長府中学校　講演部、図書部、美術部　（『校友会誌』1931 年 2 月）

関東州大連第二中学校　弁論部、軍事研究部、図書部　（『晨光』1940 年 2 月）

○高等女学校

岩手県一関高等女学校　文芸部、音楽部、図書部、談話部、園芸部（『若葉』1932 年 3 月）

東京府立川高等女学校　文芸部、美育部、図書部　（『梅のかをり』1934 年 7 月）

東京府第九高等女学校　学芸部、園芸部、図書部　（『校友会誌』1937 年 3 月）

石川県第二高等女学校　園芸部、点茶部、琴曲部　（『会誌』1939 年 3 月）

名古屋市立第一高等女学校　談話部、図書部、映画部、書道部、音楽部、園芸部（『学友』1944 年 5 月）

滋賀県八幡高等女学校　文芸部、図書部、音楽部　（『日牟禮』1936 年 12 月）

山口県徳山高等女学校　学芸部、展覧部、図書部、音楽部（『校友会誌』1940 年 3 月）

○実業学校

秋田県秋田工業学校　絵画部、文芸部、弁論部　（『砂金』1937 年 3 月）

栃木県宇都宮商業　書道部、講演部、調査部、ポスター部、図書部、

　　　　　園芸部、珠算部（『学友会誌』1936 年 3 月）
　埼玉県秩父農林学校　文芸部、農芸部、経理部　（『校友会誌』1938
　　　　　年 3 月）
　山梨県甲府商業　講演部、音楽部、図書部、図案部　（『商友会誌』
　　　　　1932 年 12 月）
　徳島県立商業学校　講演部、図書部、珠算部、音楽部　（『校友会誌』
　　　　　1940 年 3 月）
　以上に見る文化部の特徴として、例えば、出版文化が普及し、図書施設が整備されていくことに伴い、多くの学校で図書部が創設されていることがあげられよう。
　また、中学校と男子実業学校においては、明治期から一貫して弁論部や講演部が存在していたことが分かる。
　さらには、東京府立一中や京都一中に見られるように、書画部、写真部、地歴部、生物研究会、物理部、絵画部、博物部、俳句部、天文気象部のように、多様な文化部活動が行われるようになっている。
　その点では、大連二中のように、「外地」に在り、戦時下ということもあって「軍事研究部」といった、時代を強く反映した文化部も設置されている。
　高等女学校においては、園芸部が多くの学校に置かれている。また音楽部や書道部、さらには琴曲部や点茶部等の、女子の嗜みや教養に関する部も創部されている。
　実業学校においては、調査部、ポスター部、珠算部経理部、図案部等の実用的な内容の文化部も設置されている。

2．校友会の組織形態と生徒の「自主・自発」

　さて、このような文化部の活動を生み出していた、校友会という組織の形態はどのようなものであったのか。実は、この点に、戦前の文化部の活動における生徒の「自主・自発」性の矛盾とパラドックスが存在していたのである。

例えば、この校友会の性格に関して、戦後初期に文部省により刊行された『中学校・高等学校の生徒指導』では、戦前の校友会の反省に基づき「校友会の望ましからざる面」として、以下のような総括がなされている。*¹

1. 校友会の規則を職員が作ることが多い。
2. 一般に学校長が校友会の会長である。
3. 校友会の部、班長は、普通は生徒が就くに適わしい地位であるけれども、教師が就いている場合が多い。
4. 校友会の問題が、校長や教師に支配されない時には、大抵上級生らの少人数の生徒によって支配されることが多く、これらの生徒は、校長に指名されることが多い。
5. 諸活動が、放課後かまたは大部分の生徒が参加できない時に行われることが多すぎる。
6. 生徒は校友会の資金の支出については、何らの発言権をもたない場合が多い。

以上の文部省の総括は、かなり形式的で他人事的なものである。また文部省自体が校友会のあり方に実は多くの影響を与えていたのであり、さらに1940（昭和15）年以降は文部省「学校報国団ノ組織ニ関スル要綱」によって校友会を強制的に解散させ、「学校報国団」を創設させたこと等を考えるならば、自己の責任と問題性を棚上げした総括であるといえよう。

　ともあれ戦前の校友会の主要な性格として、宮坂による以下の指摘は要を得たものである。

「当時の校友会は、学校側の大巾の関与になったもので、会長以下の役員も校長以下の職員が当るという場合が多かった。教員または学校当局が発起人となっている場合も少なくない。校友会は、少なくとも中学校では生徒の自発的活動としてではなく、高等教育機関における校友会の模倣として、ないしは、学生間の任意の自発的団体に代る学校　側の発意になる官製の団体として成立している場合がしばしば見出される。」*²

ここに指摘されるように、校友会には学校側による生徒への管理と統制を主要な目的としていたという側面が存在していた。

　例えば、校友会によって生徒の自主的な活動を統制しようとした例として、東京府立一中がある。同校は、前記のように尚徳議会、耕文会といった文化部を設定していたが、1894（明治27）年、「已に学友会なる合法的なる機関存せるに、生徒間に於て資を募り尚徳義会と称し又漕艇有志（旭桜倶楽部、扶桑倶楽部、その他学年有志を指す）と称し、耕文会と称し社会的の組織（自治的の組織を指すものなるべし）をなすは甚だ可とせざる所あり」として、校命をもって生徒有志の団体の解散を申し渡した。*3

　また、前述の演説会等の内容に関わって、富山第一中学校文武会では、1899（明治32）年の第41回通常会において、学校側が演説内容過激の理由の下に会長が閉会を宣した。それに対し、生徒は会長の除名決議を行ったが、学校側は数名の生徒を放校と停学処分とし、以後文武会の開催禁止を命じた。*4

　運動部の活動の例もあげるなら、静岡中学校では、大正2年に青山中学校との野球部の試合を禁止した。それを発端に、同盟休校が起きている。生徒たちは「本県中学校校長会議に於て中村校長が発案規定せる他府県学校との試合練習禁止を解除し其自由を図るべし」とし、さらには「従来校友会各部々事に付校長の干渉圧迫余りに甚し爾来は運動対校競技の如きは双方部長委員の交渉に待つべく両校長が秘密裡に事を決定するを避くべし」等の要求事項を決議した。*5

　以上のように、「校長の干渉圧迫余りに甚し」という校友会は、学校が主導権をもった親睦団体、または生徒への管理を目的とする組織であったという面が強かった。これにより文化部活動も、生徒の「自主・自発」性が発揮されるよりも、学校側による統制および抑圧が加えられかねない状況が存在していたのである。

3．生徒たちの「自主・自発」の態様

 以上に見てきたように、戦前の校友会について、宮坂哲文が「少数の例外を除いてそこ（中学校―引用者）では自治組織すら学校側の大巾の関与のために生徒たち自身の自主的な組織として成立しえなかったといってよかろう」[*6]と述べているのもうなずくことができる。

 ただし、「少数の例外」とは何かは明らかにされるべきである。その点で宮坂が検討している事例は日本中学校、東京開成中学校、東京府立第二中学校等と数が少なく、より多くの学校の事例を取りあげて考察を行うことが求められる。

 さらに、校友会は学校側の生徒たちへの統制と管理の機関であったとしても、そこに生徒の「自主・自発」性が存在しなかったのかが問われなければならない。むろん、そんなことはあり得ないであろう。なぜなら、校友会の活動自体は強制や必修ではなく、それを支え実現させていったのは生徒たち自身であり、彼らの主体性に他ならないからである。

 以上の観点から、本稿は生徒たちの「自主・自発」性の具体的な形態として、以下の二つの角度から事例を検討してみたい。

 一つは、文化部の創設における生徒の「自主・自発」ということ、そして二つめは校友会活動の表現の場である『校友会雑誌』の編集における「自主・自発」ということである。

①文化部の創設における生徒たちの「自主・自発」

 ここで一つの具体的な事例としてとりあげるのは、東京府立第三中学校（現東京都立両国高校）の例である。同校は1901（明治34）年4月に開校されたが、それと同時に学友会が組織され、同年12月に『学友会雑誌』第1号を発刊している。卒業生に芥川龍之介や河合栄治郎等がおり、彼らもまた『学友会雑誌』の編集や刊行に関わっていた。

 同誌第18号（明治44年6月）には、「付録」として「学友会各部沿革史」が掲載されており、それぞれの文化部創設の経緯が生徒たち自身によって記され、その「自主・自発」の内容がどのようなものであった

のかをうかがうことができる。以下に、絵画部、図書部、談話部、雑誌部の創部の経緯を明らかにしよう。
1）絵画部
　絵画部の創設は、絵画と美の価値を共感し合い、確認し合った当時の「五年生有志」（旧制中学校は五年制であった）たちの自発性から始まった。
「そのような訳で五年生の有志が集まって、五月に絵画部を新設した。今日の所では教材は、木炭絵と、水彩画とであって、部を開いてからまだ練習した日時も少ないこともあるから、まだ充分、堂に入ると云うような、盛大には判らない」としつつ、活動に向けた生徒たちの情熱を、他の生徒たちにも次のように呼びかけるのである。
「自分達は、只刹那的な、情調の要[ママ]と、其のなつかしきとを、永遠に、残して行く、自分達の過去の小さな、墳墓に、露を帯びた花束を捧げることを最も歓びとして、永遠の中に―今までの、是からの―そのなつかしい聲と美しいイリュージョンの中に生きて、いきたいと思っている。」
2）図書部
　図書部は、学校が購読する図書・雑誌が増加したことに加え、卒業生たちの寄付による図書もあいまって、創設の機運を形成していった。すなわち、「四十二年度卒業生諸君が、卒業の際記念として博文館発行の帝国百科全書全部二百冊書棚付にて学校へ寄付せられ、之を生徒の閲覧に供する様にとの希望を申出られた」とし、それが契機となり、「学校は之を図書部に貸下ぐることになった」という。さらには、若くして病没した卒業生からも図書が寄贈され、このことが大きな意味をもった。「斯る貴重なる図書を、従来の如く自由閲覧に任して置いては、散逸汚損の恐れがある、散逸汚損は一面に於て寄付者諸君に対して礼を失し、一面に於て学校に対し責任を負わねばならぬ」
　こうして、生徒たち自身による自主的な図書の整理と貸出し・閲覧の規則を作り出すに至ったのである。

「一年生・二年生などは大喜び、毎日放課後は先を争うて来り読む有様は実に愉快とも何とも言い様がない」と、上級生の立場からの喜びを表現をしている。

3）談話部

談話部の創設は、第二回卒業生が在学中に成し遂げたものであった。すなわち、「我が談話部が江東の一角に呱々の声をあげたるは、第二回卒業生諸氏以降にありというべきなり」とし、生徒たちの「自主・自発」の創意によって創設されたことが確認されている。さらには、「談話部勃興時代にありて」当時の生徒たちの「能弁」と「組織」力が、談話部に「壇上爛漫の花を咲かしめた」と述べている。特に、「明治三十九年一月二十七日大会の際に於ける演説『同志諸君に告ぐ』は（中略）爛々たる眼光、亦熱せる顔容を澎湃し得べし」として、談話部の演説が生徒全体の意志を揺り動かしたことを述べている。

4）雑誌部

同校において、学校創設と同時に学友会が誕生し、『学友会雑誌』の刊行が行われたことは、生徒たちの誇りでもあった。「第三中学校としての独立の声を上げしなりき。而してその雲の如く、虹霞の如く、花の如き気の聚りて、学友会雑誌第一号を発刊したるは、実に明治三十四年十二月にてありき」として、『学友会雑誌』刊行の意義が、生徒の立場から次のように主張されている。

「吾人が雑誌を発刊するのは……是れを以て学術を研鑽し是れを以て知識を交換し、菅(ただ)に是れのみならず、精神の修練も是れに於いてし、道義の涵養も是れに於いてし、以て完実の域に進まんと目とするにあり。故に、吾人の雑誌は単に文章の練習と耳目の娯楽とに供するものにあらざるなり。言を換えて之れを道へば、雑誌部は学友会の生命也」

このように、『学友会雑誌』発刊の目的が、生徒自らの「精神と道義」の成長と「学術を研鑽し是れを以て知識を交換」する交流のためにあることを高らかにを宣言している。

さらには、「本誌の眠れる時は、六百の青年の眠れる時也。本誌の死

せる時は、江東の健児の死せる時也。何となれば、本誌は吾等が反映なれば也。真情の結晶体なれば也」と述べている。ここにあるのは、『学友会雑誌』の編纂が、生徒たちの「自主・自発」性を基盤とし、情熱と自覚の「結晶」として生み出されていくことの自覚であった。

② 『校友会雑誌』の編集における「自主・自発」と平等性
　戦前における学校文化部活動の特徴は、『校友会雑誌』を発行する雑誌部の活動が大きな位置を占めていたことである。多くの生徒の参加と投稿をめざし、生徒たち自身による編集活動が行われていた。そこに、生徒の「自主・自発」性の一つの具体的な形態があり、さらにはその「自主・自発」性が生徒たちの平等を志向していたことが重要である。
　例えば、生徒が投稿した原稿の掲載方針について、会津中学校『学而会雑誌』では、「掲載の趣旨として各学年平等主義を取った。昨年は二年生などで掲載された人が一人もなかつたからである。為に上級生の原稿には立派なものが沢山あったが、涙を飲んではねたのである」[*7]としている。このように、なるべく特定の学年（上級学年）に掲載が偏らないように原稿を選択する編集方針も見られた。
　この点では、学年間のバランスへの配慮もなされ、鎌倉中学校『相洋』では、「一年生作文」～「五年生作文」の欄を設けることも行われている。また、できるだけ多くの生徒の作品を平等に載せるという方針も掲げられた。
「たゞ此処に遺憾とするのは、限られた範囲に数多い作品を盛り上げるのであるから、余儀なく人を標準としなければならず、そこでやむを得ず、長篇を棄てゝひたすら広い人数に亘ったので或は平凡の譏（そしり）を受けるかもしれない。」[*8]
　さらには、多くの生徒が参加する方法として、先の会津中学校『学而会雑誌』では、1932（昭和7）年より、「一人一言」が掲載され、同年の場合、教員と五年生全員が一言ずつ書いている。「編集後記」では、「原稿登載者二百五十名、此の校舎内に住んでゐる人員の四分の一をこ

えてゐる。ここに本誌存在の重要なる意味を発見し得られると思ふ」と論じている。

このように、多くの生徒の参加と平等を確保し、彼らの「自主・自発」性を引き出すことが重要視されていた。

雑誌の編集作業についても、生徒の幅広い自主的参加をめざした事例がある。日本大学第四普通部学友会では、当初、級長・副級長のみが編集に参加していたが、その他希望者の参加も認めるようになっていた。

「『学友』九号迄は大体に於て、先生方が、その編集に御努力下さったのである。而し、第十号は一戸先生及びその他諸先生のご指導の下に、当時の五年生の級長竝に四年生の副級長が、カット、写真の編集を行ったのである。その後現在の五年生以下の級長、副級長竝にその他希望者が会誌部部員として、第十一号の原稿の募集整理原稿の選択及び　訂正、カット及び写真の挿入等に尽力しているのである」[*9]

また、横浜第一中学校の校友会雑誌『桜陵』の場合、その特徴として、「俳句会」など様々な文化部に自主的に雑誌のページを任せ活動の場を提供するのが雑誌部の役割ととらえられていった。そのことは、『桜陵』の「総合的使命」と考えられ、第51号（1935年）の「編集後記」では次のように論じられている。

「もう一つの喜びは、『神中』に五年中田・重富両君の骨折により俳句会が生まれて、本誌がその一部を割いて、その編輯を委ねるに至ったことである。一体『桜陵』に頼まれるから原稿を載せてやるのだといふ観念が、ともすればあり勝ちなのに『桜陵』の一部を是非僕達に任せてくれといふ積極的な端緒をなすものとして祝福せざるを得ない。かくて短歌会も生れよ。創作発表会も生れよ。各部報係より進んで本誌に注文を持て。『桜陵』雑誌はやがて全き意味の総合的使命を果たすときが来るであらう」[*10]

ここにあるのは、「是非僕達に任せてくれ」という「自主・自発」の行動と意欲であり、『校友会雑誌』の編集方針の中にそれを生み出していったのである。

こうした方針によって、第52号（1935年）には、「神中俳句会」に加え「神中作文会」や「神中詩吟会」（53号まで）の欄も設けられる。さらには、第53号（1936年）には、「化学研究会」、第54号（1936年）には「神中短歌会」（57号まで）の欄も設けられるに至った。
　また、第52号では、「写真部が本誌の写真の一部を引受けて呉れた。かくて本誌は其の有する総合的使命を完うすることが期待せられて感激に耐へない」*11と述べられている。まさに、雑誌部の活動を通して、様々な関心と技能をもつ生徒たちが、それぞれの文化部を基盤に「自主・自発」的に校友会を創りあげていくことが、生徒たちに自覚されていたのである。

おわりに

　以上、様々な角度から、戦前期の校友会文化部活動の「自主・自発」性をとらえてきた。
　文化部の活動が、学校側の強制や必修ではなかった以上、やりたい者だけがやるという意味の限りでは「自主・自発」性が存在していたことは明らかである。しかし、それだけではない。生徒たちは、内面から発せられた自己の関心と表現の場として、積極的に校友会文化部の活動を行っていた。
　そして、時には学校側の統制や圧力に対する生徒たちの抵抗として、「自主・自発」性が表れたことがとらえられなければならない。
　さらに重要なことは、こうした自主的な生徒たちの意見に耳を傾け、共に文化部の活動を創りあげようとする、信頼しうる教師たちの姿があったということである。それは、先述の東京府立第三中学校の生徒の記述の中に、必ずといってよいほど、「内野先生のご指導と、熱心な部員諸君」（絵画部）や、「石原先生の卓絶する辣腕よく生徒をして音楽の趣味を感ぜしめ」（音楽部）等と記述され、信頼する指導者である教師の名が上がっていることからも明らかである。
　校友会の文化部活動の豊かさと活発さは、こうした自主的な生徒たち

と教師たちとの信頼と交流を土台として生み出されてきたことが重要である。

〔参考文献〕
斉藤利彦『競争と管理の学校史 ―明治後期中学校教育の展開―』(東京大学出版会 1995 年)
斉藤利彦編著『学校文化の史的探求』(東京大学出版会 2015 年)

〔註〕
*1　文部省初等中等教育局編『中学校・高等学校の生徒指導』1949年、291〜294頁。
*2　宮坂哲文「日本近代学校における課外活動の発達 ―その発達過程についての覚書―」(『宮坂哲文著作集』3、1968 年) 199 頁。
*3　『東京府立第一中学校創立五十年史』1929年、70頁。
*4　『冨中冨校百年史』1985年、285頁。
*5　『静中静高百年史』上巻、1978年、736頁。
*6　註2と同じ。
*7　「編輯後記」(会津中学校『学而会雑誌』第 37 号、1931 年)
*8　「編集後記」(鎌倉中学校『相洋』第 18 号、1929 年)
*9　「部報、会誌部」(日本大学第四普通部学友会『学友』第 11 号、1931 年)
*10　「編集後記」(横浜第一中学校『桜陵』第 51 号、1935 年)
*11　「編集後記」(横浜第一中学校『桜陵』第 52 号、1935 年)

第7章
小学校のクラブ活動の知見を生かす

東京都八王子市立浅川小学校校長　**清水　弘美**

1．小学校のクラブ活動の位置付け

　小学校のクラブ活動は学習指導要領の中の特別活動に含まれている。そこには、児童に育てる資質・能力として三つの柱が示されている。それは中学校も同様である。
（1）知識・技能（何を理解しているか・何ができるか）
（2）思考力・判断力・表現力（知識・技能をどう使うか）
（3）学びに向かう力，人間性等
　　　（どのように社会・世界と関わり、よりよい人生を送るか）
　その中で、特別活動は「集団や社会の形成者としての見方・考え方」をもって児童を指導している。さらに視点としては「人間関係形成力」「社会参画」「自己実現」の3つが示されている。
　つまり、クラブ活動には、社会の形成者として活躍できる資質・能力を育てるという明確な目的があるということである。

（1）クラブ活動で育てたい資質・能力
　クラブ活動は学習指導要領の一部であるから育てたい資質・能力は他の活動と同じだが、異年齢の交流と「計画〜話合いによる合意形成〜役割分担と協働〜振り返り」という活動を通して、個性の伸長を図ることを重視している。
　これは、自分のよさを伸ばし、自尊感情を高めると同時に、多様な他者を受け入れながら、協働して、主体的に社会を築いていこうとする力につながるものである。

（2）クラブ活動が陥りやすい課題

　小学校のクラブ活動で一番多い指導上の課題は、教師が主体となって児童に活動をさせてしまっているクラブが多いということである。

　これは中学校の部活動にも共通する課題ではないだろうか。教師が目標を示し、練習計画を立て、指導にもあたり、児童や生徒の自主性を生かす部分が極端に小さい活動になってしまっているのである。

　小学校では「先生、今日のクラブは何をするの？」と児童が教師に聞いてきたら、それは正しいクラブ活動の指導になっていないという目安だと私は考えている。

　教育活動としての目的や目標をはき違えてしまうという大きな問題が、多くの学校現場にある。そのため、クラブ活動の意義を教師自身が見出せない上、クラブ活動の時間数は定められていないことから、実質十分な活動時間をとっていない学校が多い。その結果、十分な教育の効果がでない活動となり、時数を減らし、いずれなくしてもよいという考え方が出てきてしまっている。

2．児童の自主性を引き出す

　児童に学校で一番楽しい時間は何かと尋ねると、「クラブ活動」という答えが大変多いというデータがある。そのために「クラブ活動」を無くしてもいいのではないかという意見がある中、無くしきれずに存続しているのである。つまり児童が守っている活動なのだ。たとえ教師が目標をはき違えていたとしても、自分の好きなことに取り組めるクラブ活動は、児童にとっては楽しい活動である。

　しかし自分たちがやりたいことをやりたいようにできるという体験をきちんと学んだ児童には、教師の決めた枠の中での活動は物足りないものである。

　自分たちでもっとよい活動を計画して作れるという体験をさせ、主体性を直接育てられるのがクラブ活動なのだ。

　教師の枠から自由になった時が、児童の力が伸びる時であることを教

師は気づかなければならない。

(1) 児童の自主性と実践力が伸びる手立て

クラブ活動の時間は、活動の内容が決められていないことから、児童がやりたいことを取り入れた活動ができる時間である。

そこで、児童が自主的に実践できるように次のような様々な仕掛けが考えられる。

①クラブの設立の方法

多くの小学校では、教員の人数に合わせて、クラブの数は固定されている。小規模校では十分なクラブ数をそろえられないことも課題ではあるが、何よりも「既に決まっているクラブを児童が選択する」という形になっていることの方が大きな課題である。児童は第一希望から第三希望までを教師に伝え、教師が全体のバランスを考えて児童がどのクラブに所属するかを決定している。これでは主体的な活動を期待するのは困難である。希望どおりになった児童とならなかった児童が出てしまい、児童と教師の間にわだかまりを残すことにもなる。

さらに、教師の指導能力に合わせてクラブを設立しようと考える学校もある。これは望ましいクラブの作り方ではない。クラブは児童の願いに沿って作られるものである。例えばサッカーを指導できる教師がいないから、サッカークラブは作らないというのでは、教師の都合でクラブが設立されることになる。

クラブ活動のねらいに近づくためには、クラブの設立で押さえておきたいのが以下の3つである。

> (ア) 児童が作りたいクラブを立ち上げることができる。
> (イ) 児童が立ち上がったクラブから、自由に選択できる。
> (ウ) 人数調整などは、児童自身が意思決定して移動する。

児童は自分たちで作りたいクラブを数人の仲間（発起人）と立ち上げ、ポスターを作って、メンバーを募る。

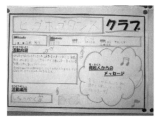  

【写真1～3】クラブポスター

　この時に教育課程の範囲として押さえるべき点は以下の2つである。

(ア) クラブの数は顧問の人数に応じて教師が決める。
(イ) 設立できるクラブは内容に応じて教師が認める。

　ここで、2つの心配が起きる。設立できるクラブの数は決まっているのに、児童が立ち上げたクラブの数が多すぎる時はどうやって減らすのか。所属した人数が多すぎたり、少なすぎたりと偏りが大きい時はどうやって人数を調整するのか。体育館など限られた場所で、活動したいクラブが重なったらどうするのか。

　でも、答えは簡単だ。そんなトラブルを、児童がみんなで考えるのである。一人ひとりが納得して所属をきめる方法は2つある。

(ア) 対象学年の児童が全員一堂に集まって、一気に意思決定して決める。
(イ) 掲示板などに全員の名前を貼り、現在のクラブの設立状況を全員が共有して、数日かけて各自が意思決定して移動しながら決める。

　(ア) は単学級など比較的人数の少ない学校に適している。一斉に立ち上げている発起人のところに集まる方法である。1回でパッと決まるし、誰の目にも明白で分かりやすい決め方である。さらにそのクラブに所属した他のメンバーの顔が見えるのでどんな雰囲気をもっているクラブかも分かり、選択する方に情報が沢山ある。

（イ）の方法（写真4）は人数が多い時に適している。一つのクラブに人数が多すぎることが視覚的に理解できて、十分な活動ができないことなどを落ち着いて判断できる。また、他のメンバーのことも分かるので、仲の良い友達と一緒のクラブを選択するということもできる。

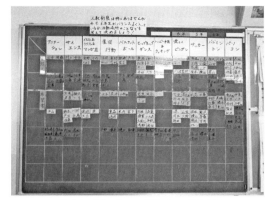

【写真4】クラブ決定の掲示板

さらに、1日で決めないので、欠席していた児童も意思決定に参加できるというメリットもある。

（ア）でも（イ）でも学校の実態に合った方法を使えばよいのであるが、どちらの方法でも、クラブ設立を児童の意思に任せるというところから、自主的・実践的な活動を生み出せるのである。

②クラブの設立に対する教師の関わり

クラブの設立は児童が行うものだが、全体の仕切りは教師が行う。クラブの設立についての説明会を開き、設立する期間を決め各クラブに仲間を集う宣伝の機会を作り、児童による主体的な意思決定ができるようにする。

教師がクラブの担当を選ぶ場合は、できるだけ自分の苦手なクラブの担当になる方がよいだろう。得意な分野だとどうしても指導してしまいたくなるものだからだ。教師が指導すると自然に児童は引っ込み、教師に頼るようになる。その方が技術の向上には効率が良いことも事実であるが、クラブ活動で児童につけたい資質・能力は、技術の向上ではない。同好の仲間が集まって、自分たちでやりたいことを計画し実行して、自分たちの学校生活をより豊かにすることができる力をつけることが大切なのである。

したがって、サッカーを指導できる教師がいないから、サッカークラブは設立しないなどという教師の都合を優先するクラブの設立は、クラブ活動の本来の姿にはそぐわないと言える。

　実際、ダンスの苦手な教師がダンスクラブの担当になった例では、児童がダンスの技術に関しては教師を全く頼りにすることなく、自分たちで計画を立てて取り組んでいた。教師はといえば、児童の活動を活性化するために、地域のお祭りで踊る機会を作ったり、運動会で披露する機会を作ったりというところで努力しており、児童から感謝されていた。

　また、地域人材をクラブの指導者として活用する方法もあるが、指導できる人材がいるからそのクラブを立ち上げるのは本末転倒である。しかし指導できる地域の方がいることを情報として児童に伝え、児童が地域の方に指導をお願いして、もっと上手になりたいという願いをもつのであれば、クラブの運営は児童が行うことを前提に、外部指導者に指導をお願いするのも効果的である。

　このように、クラブの設立や、担当する大人の関わり方を工夫するだけで、児童の自主性や実践力を伸ばしやすい環境を作ることができる。

(2) 児童による主体的なクラブ活動の計画と運営

　クラブ活動は年間に行う時間数も日時も決まっているので、先を見通して、大まかな計画は年度の始めに児童が立てる。

　担当教員は、クラブの代表児童が考えた活動が無理のない有意義な活動になるように助言する。具体的にはその活動が、安全・異年齢交流・時間・場所・金銭・人権・教育面などに課題がないかを判断して、クラブ活動が適切に行えるように助言を行うのである。

(3) 児童によるクラブ活動を楽しむ実践

　クラブ活動は準備から全て、児童が行う。そのためには持ち物の連絡や、活動内容の周知などのために、クラブごとの掲示板を作っておく。（写真5・6）クラブ活動の前日までにはクラブのリーダーが、掲示板に

【写真5】クラブごとの掲示板　　　【写真6】クラブの連絡

クラブの持ち物や流れ、注意事項、そしてその日のクラブ活動のめあてなどを書いて、メンバーに知らせる。

　クラブのメンバーが同じめあてに向かって、気持ちをそろえて取り組むことはリーダーにとってもメンバーにとっても、主体的な取り組みになる。

　クラブ当日は準備を自分たちで行い、始まりのあいさつや、注意事項なども児童の司会で行う。もちろんリーダーによる進行でクラブを楽しむ。人数が多い時はグループに分けて、高学年が中心となって、その一時間を仕切ることもある。

　そして、終了時にはメンバーによる振り返りを行い、自分たちのめあてが達成できたかを共有するのである。振り返りでの課題は次回の目標になり、振り返りで達成したことは児童の自信となる。主体的な実践に振り返りはとても重要な役割をも

つ。

(4) クラブ活動の成果の発表

クラブ活動の成果について、クラブのメンバーが全校児童や地域の人々に発表をするところまでが、クラブ活動の内容である。

クラブ活動をただやりたいことのために集まって楽しむだけではなく、自分たちのよさを生かしてさらに可能性を広げる活動へとつなげることができる。

クラブの発表会は全校児童を対象にする。クラブ活動は4年生以上の児童による異年齢交流であるが、学校生活をこんなにも楽しんでいる上学年の姿は、これからクラブ活動に関わる下学年の子どもたちにとっての憧れとなり、未来への希望になる。

自分たちの学校生活を自分たちでよりよくしていくための活動として、クラブ活動を運営し楽しめる力がついていることを、他の人たちに伝え評価を受けることで達成感にもつながっていくのである。

(ア) クラブ活動発表会の運営

クラブ発表会（写真7、8）は全校児童を対象とした、文化的行事として扱うことができる。学校行事とクラブ活動の連携行事となる。

【写真7】クラブ発表会には児童の工夫を満載

【写真8】将棋クラブはコマの動かし方を説明

代表委員会が主催して、発表会を行うことが多いため、司会進行も代表委員で取り仕切る。

クラブ発表会は２月末や３月上旬に行うため、６年生最後の代表委員の活動になることが多く、どのクラブも創意工夫して発表を行う。

発表の方法は、児童の創意工夫を生かして演劇で発表したり、実演を見せたり、クイズ形式にしたり、パワーポイントで説明したりと自由で楽しいものを作る。

その準備や練習にクラブ活動の時間を使っては、実際にクラブを楽しむ時間が減ってしまうのではないかという考え方もあるが、クラブ活動は発表をするところまでが活動内容として指定されている。その中で児童は協力することを覚えたり、自分の発意・発想が生かされて自信をつけたりするのである。

クラブ発表会は、自分たちの活動の発表の場だけでなく、翌年度のクラブ活動へとつながる機会でもある。どのクラブに入ろうか、自分はどんなクラブを作ろうかとワクワクしながら見ている下学年もたくさんいるのである。

（イ）クラブ発表の形式

クラブ発表の形式は学習指導要領には明記されていない。したがって学校によって様々な取り組み方がある。

・（ア）で述べたように、一時間をたっぷり使って、学校行事として行うもの。
・クラブ見学に３年生が行くときに、各クラブで体験などをさせることで発表とするもの。
・数回に分けて、放課後に少しずつ発表するもの。
・漫画イラストクラブや手芸クラブなどは、作った作品を展示することで発表とするもの。

学校規模や様々な事情でクラブ発表会の形は学校ごとの判断であるが、児童の活躍を認める大切な機会となっている。

3. 児童の変容から見るクラブ活動の価値

　クラブ活動を児童の主体性を育てることをねらって実施することで、児童は大きく成長する。

　まず、自分たちで計画したことなので、自分たちで準備を主体的に行うようになる。教師の指示を待つことなく準備を始め、時間になったら動き出している。高学年は休み時間にクラブの進行について打ち合わせをし、クラブのメンバーに持ち物などの連絡に走ることも多く、クラブの準備そのものが楽しみになってくる。クラブの掲示板も効果的に活用され、クラブ同士お互いに活動内容を見ることができるために参考になる。タイムスケジュールを取り入れる等、よりよいクラブ運営の効率化が図られてくる。

　クラブのメンバーは、クラブ掲示板を見たり、先輩たちの声掛けを受けたりしてクラブを楽しみにするようになり、自分たちが上の学年になったらやりたいことなどが明確になってくる。

　自分のやりたいクラブを3年間継続することで、技術の向上もみられ、クラブ全体の質が上がってくる。継続期間の長い6年生が下級生に技術指導もできるようになる。

4. クラブ活動で育てる力の将来像と中学校への期待

　クラブ活動では、主体性や自主性などの意欲だけではなく、組織の作り方や計画の立て方、運営の仕方などを身につけることができるようになる。

　中学校の部活動でも、小学校のクラブ活動で鍛えられた、児童が皆で話し合い、活動内容や運営方法を決めていくという自主的な活動の力が十分に生かされることを期待している。

終章
自主・自発を重視した部活動への転換をめざして

学習院大学教授　**長沼　豊**

筆者が掲げる「部活動3原則」は以下の通りである。

■部活動3原則■（長沼による）
1. 生徒の部活動への参加は任意である（全員加入制を廃止する）
2. 教員の部活動顧問への就任可否は選択できる（全員顧問制を廃止する）
3. 部活動の顧問は辞書的意味の顧問である（技術・技能の指導者である必要はない）

文化庁「文化部活動の在り方に関する総合的なガイドライン作成検討会議」第1回会議で私が発言した内容であるが、既に本書で述べた内容とも重複するので、簡単に補足する程度とする。1は学習指導要領総則に「生徒の自主的、自発的な参加により行われる部活動」と記されているからである。2は、いわゆる超勤4項目に部活動はないからであり、勤務時間外に実施することを前提としている教育活動に従事する義務を負わないということである。3は辞書には顧問とは「①会社、団体などで、相談を受けて意見を述べる役。また、その人。②意見を問うこと。相談すること」と記されており、部活動の顧問の役割は、顧問と名乗るのであれば、これ以上でも以下でもなくてよいということである。

これらは全て本書のキーワードである自主・自発を基軸としていることがお分かりいただけるだろう。今後の部活動は、やりたい生徒・教員はできるような仕組み、そうでない生徒・教員はしなくてよい仕組みを担保することが肝要である。

この章では筆者の研究分野である特別活動論とボランティア論から、自主・自発を基軸とした部活動の今後のあり方について述べる。

1．特別活動論から見た「自主・自発」

　特別活動は、教育課程内の教育活動であり、その内容は、小学校は学級活動・児童会活動・クラブ活動・学校行事の4種、中学校は学級活動・生徒会活動・学校行事の3種、高校はホームルーム活動・生徒会活動・学校行事の3種である（図1参照）。小学校にはクラブ活動があることに気づくだろう。これは部活動とは異なる。4年生以上の児童全員が必修で参加するもので、これが中学・高校の部活動改革のヒントになる。なぜなら、明治時代から続いてきた任意の部活動を必修の教育活動として取り込んだものであるため、学校教育にふさわしい形で実践が行われているからである。既に第7章で清水弘美さんが紹介してくれた内容を見れば理解できるだろう。

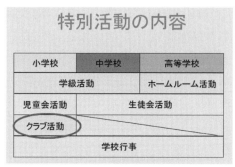

【図1】特別活動の内容

　クラブ活動は教育課程の特別活動の中に位置付けられており（中学・高校もかつては必修クラブ活動があったが現在は廃止されている）、その特別活動の目標は、2017（平成29）年に告示された新しい「小学校学習指導要領」に次のように記されている。

「集団や社会の形成者としての見方・考え方を働かせ、様々な集団活動に自主的、実践的に取り組み、互いのよさや可能性を発揮しながら集団や自己の生活上の課題を解決することを通して、次のとおり資質・能力を育成することを目指す。

（1）多様な他者と協働する様々な集団活動の意義や活動を行う上で必要となることについて理解し、行動の仕方を身に付けるようにする。

(2) 集団や自己の生活、人間関係の課題を見いだし、解決するために話し合い、合意形成を図ったり、意思決定したりすることができるようにする。

(3) 自主的、実践的な集団活動を通して身に付けたことを生かして、集団や社会における生活及び人間関係をよりよく形成するとともに、自己の生き方についての考えを深め、自己実現を図ろうとする態度を養う」

　特別活動は児童の自主性、主体性を育み、合意形成や意思決定する能力、人間関係形成能力などを向上させる教育活動であることが分かる。クラブ活動は、この目標を達成するための活動であるから、生徒の自治的な要素が盛り込まれた活動形態になる。「小学校学習指導要領解説　特別活動編」には、クラブ活動の学習過程として以下の図２が掲載されていて参考になる（p.104）。

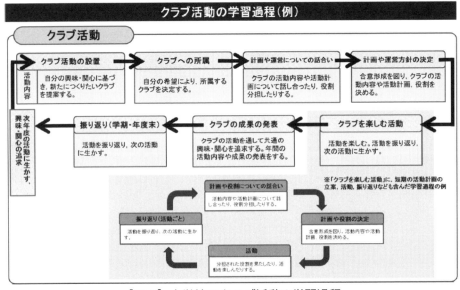

【図２】小学校のクラブ活動の学習過程

これを見ると、児童がクラブの設置から考え、主体的に実践していく過程であることが分かる。6年生がリーダーシップを発揮し全体をまとめていくこと、民主的な合意形成をしながら実践し連帯感や達成感を味わうこと、教員の助言指導のもとでPDCAを行うことが想定されている。まさに学校教育にふさわしい目的・内容・方法・形態である。中学・高校の部活動の一部で行われているような、全て大人の命令で活動しているものとは大きな違いがある。

　例えば、川崎市のある小学校では、児童の自主性・自発性・主体性を育成するために、クラブ活動の進め方にも工夫を凝らしている。前年度の3月に、3・4・5年生が、どのようなクラブが必要かを話し合うことから始めるのである。継続して入りたいクラブがある場合にも提案しなければならない。つまり、クラブが既にそこにあって「それに入る」のではなく「自分たちで創る」のである。もちろん新しいクラブを創るという提案もOKである。ただし、継続のクラブでも新規のものでも、全員の前でプレゼンテーションを行い、一定数以上の賛同者がいないと設置されないというルールになっているから真剣だ。工夫して仲間を募る。主体性が育まれる。創るだけでなく、クラブの運営も児童の手に委ねられる。4月になって6年生を中心に年間計画も自分たちで立てる。話し合って、決めて、実行する。命令されて動くのではない。思考力・判断力・表現力が身につく。人間関係形成能力も育まれる。特別活動で身につける資質・能力は、社会に出てからも必要なスキルだ。クラブ活動は、学校教育にふさわしい形で課外の部活動を課内に取り込んだものである。理想的な姿がここにはある。

　部活動を改革する、そして学校教育に残すというのであれば、小学校のクラブ活動をモデルとして、生徒の自主性や主体性・自発性を育むものに移行することを提案する。生徒を指示待ちの状態にしたり、理不尽な先輩・後輩関係を強いたり、科学的知見に基づかない精神主義的・鍛錬主義的な指導を繰り返したりするものから脱却するのである。そのためには大会やコンクールで上位に入ることを最大の目的とする勝利至上

主義を部活動から撤廃すること（そのようなものは学校以外で行うこと）である。学校の部活動の目的と手段を改めて考え直す必要がある。

2. ボランティア論から見た「自主・自発」

部活動は本来「生徒の自主的、自発的な参加により行われる」（学習指導要領）ものであることから、筆者が研究してきたボランティア論からもアプローチして考えることができる。

（1）ボランティアとは

ボランティアの語源はラテン語の volo または voluntas（自由意志を表す言葉）であり、英語になって人を表す接尾語 er が付与され「自由意志で何かをする人（またはその行為）」を表すようになった。これに「活動」をつけたボランティア活動については、自発性だけでなく、無償性や公益性などいくつかの概念が原則や特性として取り込まれて現在に至っている。例えば東京ボランティア・市民活動センターでは「ボランティア活動の4原則」として、「自分からすすんで行動する（自主性・主体性）」「ともに支え合い、学び合う（社会性・連帯性）」「見返りを求めない（無償性・無給性）」「よりよい社会をつくる（創造性・開拓性・先駆性）」を挙げている。
(https://www.tvac.or.jp/shiru/hajime/gensoku.html)

筆者もこれを支持し「ボランティア活動の4特性」として①自主性・主体性、②無償性・非営利性、③公益性・公共性、④創造性・先駆性を挙げている。

なお、語源の通りのボランティアとボランティア活動とは区別して扱う。活動がついたものは組織的・計画的・意図的なもの、活動がつかないボランティアはそうでないもので、人を表す場合にも用いる（詳細は拙著『実践に役立つボランティア学習の基礎理論』大学図書出版、2010年などを参照）。

（2）部活動とボランティアの関係性

部活動とボランティア、どちらにも自主的・自発的という概念が内在しているため、何らかの関係性があるのではないか。そこで、どのような関係性（類似性）があるのかを考えていこう。
　まず、部活動に関与している人々には生徒、教員、保護者、外部指導者等がいるため、この各々がボランティアなのか否かを4つの特性に照らして考えてみたい。
①生徒が部活動として行うボランティア
　生徒にとって部活動に参加することがボランティアかと言えば、第1特性の自主性の点では学習指導要領を見れば分かるように、本来そういう性格のものである。しかし生徒全員を強制加入させている学校もあるため吟味する必要がある。また、部活動には自分のために取り組んでいるという場合もあり、第3特性の公益性という点でボランティアと言えるかどうかには難がある。したがって生徒にとって部活動への参加がボランティアかと言えば、必ずしもそうとはいえない。唯一あるとすれば、ボランティア部やJRC部、インターアクト部などボランティア活動を行う部活動の場合であろう。実際、東京都生活文化局の調査では、都内でボランティア活動に取り組んでいる学校は59.4％ある（「都民等のボランティア活動等に関する実態調査」2018年3月）。
　生徒がボランティア部などで行う部活動については、自らすすんで参加している場合、ボランティア活動と言えるだろう。中学生や高校生の優れたボランティア活動が社会貢献につながっている事例は多い（公益性や創造性もある）。ところが、部活動という形態を採るとボランティア活動の主体性が失われる可能性があることを述べておきたい。一般に活動が組織的・計画的・意図的になればなるほど、自主性・自発性が失われるというパラドックスに陥るのである。例えば、あるボランティア部で施設訪問の活動が始まり成果を上げたとする。するとそれが日常的、当たり前のものとして定着すると、行かねばならぬことになる。施設の方でも期待して待っていてくれるということが分かると止めにくくなる。特に先輩たちの始めたことを後輩たちが引き継ぐ時に生じる葛藤や軋轢

である。これは金子の言う「自発性パラドックス」とも合致する（自発的に始めたボランティアのはずが、やがて自分を追い込む形で自らを疲弊させる矛盾のこと。詳細は金子郁容『ボランティア　－もう一つの情報社会－』岩波新書、1992年を参照）。この点は部活動の顧問教員のあり方と酷似している。前任者が休日返上で部活動を行っており、それが当たり前のこととして生徒も保護者も捉えていると「行かねばならぬ世界」になっているというわけである。こうしたパラドックスから抜け出て、常に活動のあり方を検証していかないと疲弊する。全国の部活動で起こっている事象はこれである。

　補足的に述べれば、成果を上げているボランティア部が存在する学校には行政や外部機関から、お手伝いの依頼が舞い込んでくる。イベントの支援などである。なかには人数を指定して依頼してくる場合もあるという。動員型である。ＰＴＡ活動も似ていることがあるだろう。こうした依頼に応えていると、精神的にも肉体的にも追い込まれていく。自発的に始めたはずのボランティア活動が、いつの間にか義務的なものに変換されているというパラドックスに気づかずにいるという事態に陥るのである。本来は自主的・自発的なはずの部活動にも似たようなことが起こっていないだろうか。

②部活動の顧問はボランティアか
　教員にとって部活動がボランティアかと言うと、これも曖昧さが伴う。詳細は序章で述べたが、全員顧問制の学校では教員が部活動顧問になるかどうかにおいて自発性はない。教育課程内か外かを問わず、教員という肩書きで行う教育活動は職務と見なされ、無償のボランティア活動とは区別される。しかし教員にとって部活動顧問はボランティアであるとの見解も示されている。この点については、さらなる考察が必要である。

　新聞記事でもSNSの投稿やブログの記事でも「部活動の顧問はボランティア」という表現が用いられることがある。なぜそのような表現が

用いられるのかと言えば、教員には給特法(「公立の義務教育諸学校等の教育職員の給与等に関する特別措置法」の略)により残業代が出ないことに加え、部活動の活動時間の多くは平日の勤務時間外および土日・祝日であることから、無償で行っていると見なされるからであろう。また、校長が残業を命じることができる、いわゆる「超勤4項目」に部活動がない(「公立の義務教育諸学校等の教育職員を正規の勤務時間を超えて勤務させる場合等の基準を定める政令」による)ことから、勤務時間外の部活動は労働ではないと解釈されるのであろう。

　この解釈では確かに第2特性の無償性は満たしているが、ボランティア活動の第1特性から見るとどうだろうか。自発的に、しかも喜んで取り組んでいるという教員は全国には沢山いるだろうが、全国の全ての教員がそうとは言えない。また部活動そのものは全員顧問制ゆえに仕方なく担当しているという教員もいれば、部活動は引き受けてもよいが、当該種目は担当したくないという場合もあるだろう。しかし異動すれば、前任者の担当していた部に後任者が割り当てられるのが常である。序章でも述べたが、運動部の場合、自ら経験したことのある部を担当している教員は47.9%である(日本体育協会(当時)、2014年)。それらの教員の全てが自発的に担っているとは言えないのではないか。

　以上のことから、第2特性の無償性を理由に教員自らが「部活動はボランティア」という表現を使うと、第1特性の自発性も認めていることになるので注意が必要である。

　ではボランティアでないと見なすと、労働なのであろうか。確かに土日・祝日の大会引率等には一定時間を超えると手当が出る(例えば4時間以上で3600円)から雇用者は労働と見なしている。事故が起きた時に責任を追及されるから労働なのだろうか。多くの学校では校務分掌に位置付けられ全員顧問制が行われているから労働ではないかとも考えられる。しかし、労働であると解すると、超勤4項目にないにも関わらず残業(労働)に相当することになり矛盾である。つまり平日の勤務時間外の活動については曖昧なままであり、ここに部活動の過重負担が

風船のように肥大化してきた仕組みの要因がある。同様に、学習指導要領の規定が、教育課程外の教育活動でありながら学校教育の一環であるという点も矛盾を生み出す要因になっている。

　ボランティア論から見れば、部活動はボランティア活動と同じ構造になっていることが分かる。本来生徒の自主的・自発的であるはずのものが、制度的・組織的なものとして構成され進化を遂げると、いつの間にか「やるべきもの」にすり替わっているのである。

　このように顧問教員が厳しい立場に置かれている状況は、金子が指摘するボランティアはバルネラブル（vulnerable）な状況に身を置くという論からも説明できる。金子は、ボランティア活動に参加すると自発性パラドックスの渦中に自分自身を投げ込むことになり、自分自身をひ弱い立場に立たせるとし、この状態をバルネラブル（vulnerable：攻撃されやすい、傷つきやすい、感じやすい、弱みのあるという意味）と呼んだ。平日の勤務時間外や休日であるにも関わらず保障もなく事故があれば責任を追及されるというのは、いかにも弱い立場である。しかし、自らそのような弱い立場に身を置くことを許容するのは、「生徒のため」という気持ちがあるとしても無理がある。そう考えると顧問教員はボランティア活動に「参加させられている」状態という表現が当てはまるのではないだろうか。

③部活動を支えるボランティア

　保護者や外部指導者など部活動を支える人々をボランティア論の視点で見るとどうなるだろうか。

　保護者については部活動の運営に自主的に協力するという点ではボランティアと言える。しかし子どものための行動が第３特性の公益性があるかというと疑問も残る。結局自分の子どものためにやっているにすぎないのではないかという反論があるからである。しかし自分の子どもだけのためではないことは、他の生徒も恩恵を受け、ひいては部全体、学校のためにもなっていることから分かる。ＰＴＡ活動とも似ている点

である。

　ところが、当番で必ず大会や練習試合のお手伝いに行く仕組みとなると、ボランティアか否かの境界線は曖昧である。一般に当番は義務の輪番であることが多いからである。筆者は全員義務の当番制はボランティアではないという考え方を採っている。善意の集合体としてのボランティア活動がいつのまにか「やらねばならぬ」の世界に置き換わるのは、先に述べたように活動が組織的・計画的・意図的になればなるほど、自主性・自発性が失われるというパラドックスに陥る点で同様である。部活動の不思議さはここにもある。

　次に、外部指導者はボランティアかというと、実際にボランティア活動として取り組んでいる人々はいる。自主的に無償で部の生徒や学校のために活動している人々はボランティアだ。しかし有給スタッフとして、または企業等からの派遣で指導している人々はボランティアとは言えない。そのため外部指導者がボランティアかどうかという点には多様性がある。ただし、ここで考察が必要なのは、謝礼が出る場合や交通費が出る場合はどうかという点である。これについてはボランティア論でもかつて有償ボランティアの論争があったことからデリケートな問題である。まず謝礼についてであるが、労働の対価であるかどうかがポイントとなる。実費弁償の範囲内であれば報酬を受け取っているとは言えないという見方や、渡された額が法的な最低賃金よりも下回っていれば労働の対価とは言えないからボランティアだという見方などがある（詳細は大阪ボランティア協会監修、巡静一、早瀬昇編著『基礎から学ぶボランティアの理論と実際』中央法規出版、1997年などを参照。なお、この点は安易なボランティアの活用につながる可能性があり注意が必要である）。次に交通費については実費弁償の範囲内であることから労働の対価ではなく、したがって交通費を支給されるから無償ではないとは言えないというのが一般的な見方である。

　このように外部指導者についてもボランティアかどうかについては微妙なところがあるのが実態である。さらに言えば、謝礼以上に曖昧なの

が身分保障や責任の所在の問題である。ボランティアとして行った行為については労働者の勤務時間と異なり何も保障はない。必然的にボランティア保険を利用することになるが、これもボランティアによる過失事故が原因で始まった仕組みである。ボランティア活動であるかどうかは単に身分上のことだけでなく、事故が起こった際の保障の問題に反映される事柄であるから、制度的にも明確にしておく必要があるのではないだろうか。

なお 2017 年 4 月から始まった「部活動指導員」は学校職員という位置付けであり、いわば内部指導員である。教員と同様、単独で大会の引率等が可能となっている。学校職員という位置付けであるからボランティアではない。

④部活動改革に取り組むボランティア

上記の外部指導員や保護者によるボランティア活動はどちらかと言えば部活動を推進し支える側である。一般にボランティア活動には Social Service と Social Action の 2 側面があり、前者は奉仕型、後者は改革型である。ボランティア活動の公益性を重視し、役に立つことで社会貢献する視点が前者、ボランティア活動の創造性や先駆性を重視し、よりよく変えていくことを志向する視点が後者である。上記の活動は前者に相当する。では、後者に相当するボランティア活動はないかと言うと、部活動改革に取り組む人々がこれに相当する。次に、これらの人々の動向をボランティア論の視点から考察する。

近年の部活動改革には多様な人々がボランティアとして関わっている。生徒や教員といった当事者はもちろん、一般市民や保護者、研究者等多様である。教員が中心となって部活動改革に取り組んでいるものとしては、部活問題対策プロジェクト、部活改革ネットワークがある。前者は 2015 年 12 月に発足し、2016 年に文部科学省に部活動の顧問就任の選択権を求める要望書と 2 万 3 千を超える署名を提出し、同年 8 月には同省に対して生徒の強制加入廃止を訴える要望書と 1 万を超える署名

を提出した。後者は 2017 年 4 月に発足し、Twitter を中心に部活動改革を訴える発信を続けている。

　近年、当事者によるボランティア活動はさかんになってきている。例えば薬物依存者が集まって協力しながら依存から解放されるように自助努力しつつ、薬物依存にならないよう一般市民に注意を喚起する啓発活動を行っているボランティア団体がある（運営しているのは依存から離脱した人々）。また、自分たちの住む地域に携帯電話会社の基地局の鉄塔が突然立つ計画が持ち上がった時に、住民同士が協力しながら、それを中止させるように交渉を続けて成功した市民運動型のボランティア活動もある。このようなボランティア活動では、第3特性の公益性が議論になる。自分のために活動しているのではないかという問いである。しかし当事者のボランティア活動の多くは自分だけのための活動でないことは自明であり、地域のためになることが結果的に自分のためにもなっているという性格のものである。自分と同じような境遇や状況に苦しむ人々が連帯しながら社会貢献することは意味がある。市民運動型のボランティア活動は、当事者意識の強いものであり、誰かが立ち上がらなければならないという思いや願いから始まる場合が多い。部活動の改革も当事者たちが声を上げて徐々に広まってきたことを考えれば、市民運動型のボランティア活動という位置付けになるだろう。なお筆者は2016 年を部活動改革元年と称しているが、どんな元年にも前史がある。前史を作った立役者は当事者ではない（研究者の）内田良と、当事者（現職教員）の真由子である。内田は『教育という病　子どもと先生を苦しめる「教育リスク」』光文社、2015 年による啓発的効果があった。真由子は現職教員、「真由子ブログ」で部活動顧問制度の矛盾を発信し続けている（http://bukatsu1234.blog.jp/）。

　ボランティアの 2 側面の捉え方が重要なのは、前者の奉仕型のみであると戦前の日本の例を出すまでもなく、善意が為政者・権力者に利用され絡め取られる可能性があるという点である。後者の改革型の視点があるからこそ当事者自らの活動であっても批判的思考で捉えられ、活動

を常に自己評価し、相対化し、よりよくしていくための知見が得られるのである。この点については、既に神谷が「ブラック部活」と称して運動することが、結果的に国家戦略に加担することになると警鐘を鳴らしている（神谷拓「教育再生実行会議と部活動－政治主導の「ブラック」劇場のシナリオ－」、「季刊教育法194」エイデル研究所、2017年9月）。

(3) 自主的・自発的な活動の意義

これまで4つの視点から部活動とボランティアの関係性を紐解いてみたが、部活動にはボランティアの要素が多く内在していることが分かった。ということは、部活動の意義や種々の問題もボランティア論から説明がつくのではないか。そこで、最後に自主的・自発的な活動の意義と弱点をボランティア論から説明することで部活動の本質に迫ろう。

まず、ボランティア活動をすることで活動者本人が得られることとして、以下の4点を挙げる（通常ボランティア活動というと活動によって恩恵を受ける人々に目を向けるのであるが、研究では活動者本人に視点が注がれる場合がある。詳細は拙著『人が集まるボランティア組織をどうつくるのか』ミネルヴァ書房、2014年などを参照）。
①満足感（好きなことに取り組んでいるから得られる）
②連帯感（仲間とともに取り組むことで得られる）
③達成感（主体的に活動することで得られる）
④有用感（他者や社会の役に立つことの喜び）

このうち①～③が部活動でも味わえることは明らかだろう。では④有用感はどうだろうか。部活動においては、学校の代表として大会やコンクールで入賞することで、他の生徒や教職員、地域の人々や保護者などが喜んでくれることで得られる。部活動で活躍している生徒が学校内で確固たる居場所を有しているのは、そのためである。

このように、部活動は自主的・自発的であるがゆえに、ボランティア活動で活動者が得るものと同じようなものを得る機会が内在しているといえる。

ここで補足として指摘しておくと、ボランティア活動では、最初は強制されたり誰かに誘われたりして始めたものが、活動をしているうちに上記の喜びを感じるということはしばしば起こるということである。となると「自発」の意味を吟味する必要があるのだが、長くなるのでここでは触れないことにする。部活動の強制加入の問題とも絡む点である。
　もう1つの指摘は①〜④の全てが「感」であるということに着目するということである。感動の「感」である。労働の対価としての金銭授受が伴わないボランティア活動の喜びや魅力は精神的なものであり、感情的なものである。部活動が多くの感動的な場面を創り上げているのも、強制ではない事象で生き生きとした人間の姿に触れることができるからである。同時に、「感」が魅力の活動というのは、感情的になりやすいという面があることも忘れてはならない。ボランティア活動では感情対立で団体が難しい状況になるということも起こるものである。部活動はどうだろうか。BDK（部活動大好き教員）の中には、部活動を生きがいのように捉えている人も沢山いる。「部活動は宗教である（部活教）」と既に拙著で述べた（『部活動の不思議を語り合おう』ひつじ書房、2017年）。その愛する部活動に規制が加わったり、自身のあり方に反対意見が寄せられたりすると、人によっては宗教弾圧だと感じて激しく抵抗するのである。部活動が量・質ともに過熱化、肥大化するメカニズムは、ボランティア活動とよく似ている。

(4) 自主的・自発的な活動の弱点
　逆にボランティア活動の弱点として以下の4点を挙げる。
①全体への配慮の欠如
　ボランティア活動では、福祉なら福祉、環境なら環境と多様な社会的課題の中から自分たちの選んだ課題に対応した活動を行う。一つの団体の活動には量も質も限界があり、社会全体を見据えた活動とはならない。社会サービスをその分野に特化すればするほど、社会全体への配慮から遠のくという弱点である。強大な権力をもつ行政のサービスとは異なり

あくまでも個別サービスである。よさもあるが限界もある。

　部活動に例えると、教員も生徒も部活動にのめり込めば、とことん活動することができる。自主的なものとして制度的な制約がないとそうなる。やがて気づいた時には、他にやること（生徒は学習活動、教員は職務）が疎かになっているという現象である。

②善意で成立していることの脆弱性

　ボランティア活動は人々の善意で成り立っており、法律による規制もない。自由であるというよさもある反面、善意の活動が効果を上げるという保証はない。サービスの質が低下していても気づかないでいるということが起こりうる。業務と異なるからである。しかも善意でやってくれていると分かると、サービスの受け手はそれを指摘しにくいという心理状態に置かれる場合がある。

　部活動に例えると、善意でやってくれるからということで、顧問教員が妙なことをやっても、生徒も保護者もそのことを指摘しにくくなるという現象である。枚挙にいとまがない。

③独りよがりやマンネリの危険性

　さらに②が度を超えると、他者の客観的評価を受けにくい状況を生み出し、自らは「善行をしている」という思いから、批判を受け付けなくなるという危険性である。「自己満足感」の落とし穴に落ちるのである。活動が独善的になったりマンネリ化したりして停滞する状況である。

　部活動に例えると、一部の顧問教員のワンマン経営（独裁政権的な部活動運営）を考えれば分かりやすい。

④「自発性パラドックス」に陥る危険性

　先に触れたことである。自主的・自発的な活動は活動のペースも自由である。ここまですればよいという基準がないため、「私」自身が基準となり、そのあり方が問われることになる。そして頑張る人ほど、頑張って活動をして疲れてしまい、燃え尽きてしまうこともあるという現象である。自発的であることが自分を追い込むという矛盾のことを自発性パラドックスという（金子のボランティア論）。

部活動に例えると、このような教員、生徒、保護者、校長、外部指導者等がいることは、既に各種メディアの記事になっていることから分かる。部活動の横には、自主的・自発的なものが陥りやすい落とし穴が常に口を開けて待っているのである。

この章では自主・自発を生かした今後の部活動のあり方について、特別活動とボランティアの視点から述べた。部活動の生命線ともいえる自主・自発は活動に意義を付与すると同時に弱点をもたらす、いわば諸刃の剣である。この点には十分注意したい。部活動を学校教育の中で効果的なものにするためには、特別活動のクラブ活動のように主体性を育むことに力点を置くことと、ボランティア活動の弱点と同じ落とし穴に陥らないようにすることが肝要である。

3. 部活動改革のための大胆な提言

末尾に、筆者による「部活動改革のための2つの提言」を紹介してまとめとしたい。

> ■部活動改革のための2つの提言■　（長沼による）
> 1. 教員は初任から3年間は部活動の顧問に就任しないようにする（職務のメインである教科指導、学級経営等の知識・技能の習得を優先する）
> 2. 部活動に関する大会やコンクールの主催者は、スポーツ庁および文化庁のガイドラインに記載された休養日および活動時間上限を遵守した学校のみ参加を許可するようにする（参加条件とし大会規定に明記する）

（1）新任からの3年間は顧問なし

中学・高校の教員の仕事のメインは教科指導である。教員免許状も小学校と違って教科別になっている。教科指導の知識・技能の向上は何よ

りも優先されなければならない。加えて教育課程内の諸活動や学級経営、生徒指導、保護者対応など、教員としての力量形成は他にもあるが、次はこれらである。そしてさらに余裕があれば部活動の顧問（指導）というのが本来の姿ではないだろうか。この姿から大きく逸脱しているところに部活動の問題、教員の働き方の問題がある。

　そこで、思い切って初任からの最初の3年間は、仮に本人が望んでも部活動の顧問はさせないという英断が必要である。その理由はいくつかある。

　第1に、いま述べたようにメインの仕事、特に教科指導で行うべきことをしっかり覚えて相応のスキルにまで引き上げる必要があるからである。私も経験があるが、新卒者の場合、初任の最初の授業というのは学生の教育実習の「翌日」というレベルである。そこから3年間かけて研究授業を沢山実施し、OJTで学ぶのである。部活動で多くの時間を割かれていたら、できないことである。

　第2に、そもそも1年目には初任者研修があり、既存の仕事にプラスして、多様な課題（レポート作成なども含む）に取り組むことが責務となっている。それを優先させてあげたらどうだろうか。じっくり教員としての、そして社会人としての基礎・基本を学んでもらうよう配慮するのである。筆者にも経験があるが、若いうちは常にどの校務分掌でも一番下っ端で、細かい仕事が先輩から降ってくる。そのような状況下で部活動も……となるから若い教員が疲弊するのである。

　第3に、本来の生徒指導のあり方を学ぶ前に、特殊な指導法を会得してしまう可能性があるからである。部活動には生徒指導の機能がある。生徒との交流を通して成長・発達を間近で見られるというのは魅力的でやりがいのある仕事だ。しかしそこには魅力と同時に魔力がある。一字違いで大違いである。魔力というのは、全ての部活動がそうだと言うつもりはないが、一部の運動部などでは抑圧的な指導が支配的になっていて、このやり方こそが生徒指導の方法だと誤解してしまう危険性である。常に命令して従わせる指導、大きな声でハイと言わせる指導などである。

主体的に考える力を奪っている典型的な指導パターンであり、本来の生徒指導のあり方とは異なる。最初の3年でこの魔力を会得してしまうと、身体に染みついてしまい、抜けにくくなる。

　第4に、部活動の指導というのは一部の生徒との交流になってしまうからである。教員の仕事というのは、まずは教科担任、学級担任の生徒のことが第一であるはずである。ところが、部活動は授業や学級活動などで交流する時間よりも圧倒的に多い時間、一部の生徒といわば濃密な交流が出来るから、教員としての喜びには満ちあふれている。卒業生にとって担任よりも顧問の先生との思い出が多く、懐かしいと思うというのも理解できる。筆者も試合に勝って生徒と喜び合った瞬間などは教員をしていてよかったと本気で思ったものである。が、これも魔力である。授業の準備や学級経営のことを二の次にして、部活動に関わるというのは、やはり優先順位が違う。筆者にも経験がある。放課後もう少し丁寧に関わりたい学級の生徒がいたのだが、部活動の開始時刻が迫り、そちらを優先してしまった事が何度かある（水泳部は安全管理上、教員がいないと活動してはいけない部だった）。いま懺悔したい気持ちである。

　第5に、部活動で得られる生徒との交流による感動は学校行事など教育課程内のことでも得られるからである。部活動に規制を加えようとすると、生徒が達成感や連帯感を得る機会を奪うのかという声を聞くが、それらは学校教育の既存の活動で十分得ることができる。学級活動・ホームルーム活動、生徒会活動、学校行事の特別活動を活性化させるのである。生徒も教員も特別活動に力を入れれば学校は元気になる。生き生きとする。特別活動では、生徒間交流はもちろんであるが、生徒・教員間、そして教員間の交流が活発になるからである。そのような事例は数多い。達成感や連帯感の獲得は部活動でなければならないという理由はない。

　第6に、トータルで考えると、疲弊しないで、余裕をもって、自信をもって教員生活を送ることができるからである。業界全体で優秀な若

い人を疲弊させないことが肝要である。長い目で見て60歳まで教育界で頑張ってもらうのだ。かなり肥大化している本来業務に加えて、部活動も指導が当たり前だ、技術的な指導もルールを覚えてやるのだという職場環境において、最初の3年で（もっと短い場合もあるが）疲弊してしまい、若い教員が沢山辞めていく現状を変えたい。そのことを「今時の若いもんは…」で済ませてはいけない。いま日本の教育を一番悪くしているのは「俺たちはやってきた。できない若いのが悪い」と言い張り、自分たちの若い頃と同じ働き方を若い教員に強要しているベテランである。あなた方の若い頃とは社会環境が異なるということを理解してほしい。

　以上の理由で、新任からの最初の3年間は部活動顧問をさせない。部活動が大好きな人（部活動をやりたいから教員になった人も　←そもそも変だが）も我慢してもらう。例外を設けてはいけない。4年目からは顧問選択制、しかも顧問は辞書の意味通りの顧問でよい。この方式が日本の教育をよりよくするための方策にもなると考えている。

　(2) 大会・コンクールの参加規定（条件）に時間数上限を
　この提言は、これまでの本書の記述から自明であろう。時間数の量的な抜け駆けをしたくなるから部活動は肥大化する。そうさせないための最後の手段は、目指すべきものに規制をかける以外にない。それは大会やコンクールの出場資格（条件）に活動時間数を規定することである。神奈川県内の私学の先生に聞いた話だが、米国の高校のアメリカンフットボールのあるリーグでは、このような規定が本当にあるそうである。米国では「これが本当の平等だ」と言っているという。参考にしてほしい。

4. 本書の結びに

　本書は、部活動のあり方について問い直した。その際のキーワードは「自主・自発」。部活動は本来自主的・自発的なものだからである。その

本来の姿から大きく逸脱してしまい残念でならない。悔しい。特に、部活動が原因で苦しんでいるという生徒や教員、関係者がいるという実態は看過できない。容認もできない。今こそ時代に合った持続可能な部活動の姿を考える必要がある。部活動改革の第2章（2.0）は、持続可能な姿を具体的に描き、実行していくことから始めたい。当事者はもちろん、関係者や一般市民の皆さんとともに一緒に考えていきたい。本書はそのような思いや願いやこだわりから企画し、実現したものである。

　また本書の特徴は、文化部活動に焦点を当てて、教員・校長・保護者・一般市民・研究者のコラボレーションにより、多様な角度から部活動のあり方を考えたことである。運動部だけに集中しがちな部活動の議論・協議に一石を投じることが出来たとすれば幸いである。

　文化とは人類が獲得した科学や芸術等の様式や実践の体系、その総体のことを言う。洋の東西を問わず、人々が科学や芸術のよさを体験・体感・体得することは意義をもつ。人類の歴史の流れの中に身を置くことになるからである。百人一首かるたで平安時代の人の思いを知る、小笠原流礼法で武士の時代の心意気を知る、三線で沖縄の伝統文化に触れる、クラシック音楽を演奏することで中世ヨーロッパの文化を感じ取る…。だからこそ文化部活動の役割は大きい。

　さらに言えば、よいものを次代に伝承するという営みが文化そのものには内在している。部活動自体が既に日本の教育文化として根付いているとも言えるが、だとすれば、負の遺産ではなくよい文化として次代に伝承しなければならない。そのための「部活動改革2.0」を実行していきたい。

補注
　この章は拙稿「部活動問題の解決に向けて」（金子書房「児童心理」2018年6月号掲載）および「部活動とボランティアの関係性に関する考察」（学習院大学文学部教育学科・教育学研究会「学習院大学教育学・教育実践論叢　第4号」2018年3月掲載）を基に改編して記述した。

資料1　部活動改革（働き方改革含む）に関する近年の行政文書

（1）新しい時代の教育に向けた持続可能な学校指導・運営体制の構築ため学校における働き方改革に関する総合的な方策について（中間まとめ）（平成 29 年 12 月 22 日　中央教育審議会）

〔編著者による抜粋〕

3．学校・教師が担う業務の明確化・適正化

（3）これまで学校・教師が担ってきた代表的な業務の在り方に関する考え方

⑧　部活動（24～26頁）

　中学校及び高等段階での部活動は、生徒の自主性を尊重しつ、スポーツや文化等に親しむとともに、学習意欲の向上や責任感、連帯感の涵養等に資する重要な活動としての教育的側面や部活動の様子の観察を通じた児童生徒の状況理解等の意義がある。運動部と文化部とではそれぞれ特有の課題を有するが、教師の負担軽減が必要であるという点についてはどちらにも共通する。

　中学校及び高等学校における現行の学習指導要領(注34)では、「生徒の自主的・自律的な活動である部活動については、スポーツや文化及び科学等に親しませ、学習意欲の向上や責任感、連帯感の涵養等に資するものであり、教育課程外であるが、学校教育の一環として、教育課程との関連が図られるよう留意すること」とされており、地域や学校の実態に応じ、地域の人々の協力、社会教育施設や社会教育関係団体等の各種団体との連携などの運営上の工夫を行うようにすることが示されている。

　各学校が部活動を設置・運営することは法令上の義務とはされていないが、現状では、ほとんどの中学校及び高等学校において部活動が設置され、実態として、多くの教師が顧問を担わざるを得ない状況である。教師の中には、部活動にやりがいを感じている者もいる一方で、競技等の経験がなく部活動の指導に必要な技能を備えていない教師等が部活動の顧問を担わなければならない場合には負担を感じている（注35）。

部活動の顧問については、教師の勤務負担の軽減や生徒への部活動指導の充実の観点から、各校長が、教師の専門性や校務分担の状況に加え、負担の度合いや専門性の有無を踏まえて、学校の教育方針を共有した上で、学校職員として部活動の実技指導等を行う部活動指導員をはじめとした外部人材を積極的に参画させるとともに、大会・コンクール等の主催者においては、関連規定の改正等を行い、部活動指導員による引率を行えるようにすべきである。国等が部活動指導員の配置に関して学校の設置者等に対する支援を行う際には、部活動指導員が、単なるボランティアではなく、学校の職員として位置付けられ、大会引率等の責任の所在を明確にしていること等の趣旨を踏まえ、スポーツ庁が作成予定の「運動部活動の在り方に関する総合的なガイドライン（仮称）」を遵守すること、部活動指導員の参画が教師の働き方改革につながる取組であること等を条件とすべきである。

　また、少子化等により規模が縮小している学校においては、学校に設置する部活動の数について、部活動指導にたけた教師の配置状況や部活動指導員の参画状況を考慮して適正化するとともに、生徒がスポーツ等を行う機会が失われることのないよう複数の学校による合同部活動や総合型地域スポーツクラブとの連携等を積極的に進めるべきである。また、大会・コンクール等の主催者においても、こうした合同チームや地域スポーツクラブ等が大会に参加できるよう、関係規定の改正等を行うべきである。

　あわせて、教師の勤務負担や教科指導等とのバランスという観点だけでなく、部活動により生徒が学校以外の様々な活動についても参加しづらいなどの課題や生徒のバランスの取れた健全な成長の確保の観点からも、国、教育委員会及び学校は、各学校が部活動の適切な活動時間や休養日について明確に基準を設定するとともに、保護者に対し理解を求めるように努めるべきである。また、一部の保護者による部活動への過度の期待等の認識を変えるため、入試における部活動評価の在り方の見直し等の取組も検討すべきである。部活動に過度に注力してしまう教師も

存在するところであり、教師の側の意識改革も必要である。そのため、採用や人事配置等において、教師における部活動の指導力を過度に評価しないよう留意すべきである。

　また、各種団体主催の大会も相当数存在し、休日に開催されることも多い実情を踏まえ、各種団体においてその現状の把握と見直しを促していくべきである。

　運動部活動については、現在スポーツ庁で「運動部活動の在り方に関する総合的なガイドライン（仮称）」を作成するために検討会議を設けて議論されており、文化部活動に関しても同様にその在り方等について、国は検討する必要がある。また、上記の考え方を踏まえたガイドラインを作成する等必要な取組を進めることを期待する。

　なお、一部地域においては、平日の一定時刻までは学校部活動、それ以降の時間や休日については、保護者の運営による地域のクラブ活動にすみ分けて取り組んでいる例もあり、部活動は必ずしも教師が担う必要はないものであることを踏まえると、教師が授業や授業準備等の教師でなければ担うことのできない業務に注力できるようにするためにも、将来的には、地方公共団体や教育委員会において、学校や地域住民と意識共有を図りつつ、地域で部活動に代わり得る質の高い活動の機会を確保できる十分な体制を整える取組を進め、環境が整った上で、部活動を学校単位の取組から地域単位の取組にし、学校以外が担うことも積極的に進めるべきである。

注34
　一部の地方公共団体では、小学校段階においても「小学校部活動」と称してスポーツや文化的な課外活動を実施している場合がある。一方、こうした活動については小学校学習指導要領における位置付けは無く、土日の部活動手当も支給されないなど、中学校・高等学校段階の部活動とは明確に取扱いが異なる。

注35
　部活動に際して、必要な技能を備えていない場合、メンタルヘルス不良となる傾向がみられる。（以下略）

（2）学校における働き方改革に関する緊急対策
（平成29年12月26日　文部科学大臣決定）

〔編著者による抜粋〕
1．業務の役割分担・適正化を着実に実行するための方策
（2）それぞれの業務を適正化するための取組
【部活動】
○　運動部活動については、「学校における働き方改革に関する総合的な方策（中間まとめ）」を踏まえ、本年度末までに、部活動の適切な運営のための体制の整備や適切な活動時間や休養日についての明確な基準の設定、各種団体主催の大会の在り方の見直し等を含んだガイドラインを作成し、提示する。また、文化部活動に関しても運動部活動と同様にその在り方等について検討する必要があることから、ガイドラインを作成する等必要な取組を行う。
○　部活動の顧問については、教師の勤務負担の軽減や生徒への適切な部活動指導の観点から、各校長が、教師の専門性や校務分担の状況に加え、負担の度合いや専門性の有無を踏まえて、学校の教育方針を共有した上で、学校職員として部活動の実技指導等を行う部活動指導員や外部人材を積極的に参画させるよう促す。部活動指導員については、スポーツ庁が作成予定の「運動部活動の在り方に関する総合的なガイドライン（仮称）」を遵守すること、部活動指導員の参画が教師の働き方改革につながる取組であること等を条件として支援を行う。
○　少子化等により規模が縮小している学校においては、学校に設置する部活動の数について、部活動指導にたけた教師の配置状況や部活

動指導員の参画状況を考慮して適正化するとともに、生徒がスポーツ等を行う機会が失われることのないよう複数の学校による合同部活動や総合型地域スポーツクラブとの連携等を積極的に進めるよう促す。
○ 大会・コンクール等の主催者に対して、部活動指導員による引率や、複数の学校による合同チームや地域スポーツクラブ等の大会参加が可能となるよう、関係規定の改正等を行うよう要請する。
○ 一部の保護者による部活動への過度の期待等の認識を変えるため、入試における部活動に対する評価の在り方の見直し等の取組も検討するよう促す。
○ 各種団体主催の大会も相当数存在し、休日に開催されることも多い実情を踏まえ、各種団体においてその現状の把握と見直しを要請する。
○ 将来的には、地方公共団体や教育委員会において、学校や地域住民と意識共有を図りつつ、地域で部活動に代わり得る質の高い活動の機会を確保できる十分な体制を整える取組を進め、環境が整った上で、部活動を学校単位の取組から地域単位の取組にし、学校以外が担うことも検討する。

(3) 学校における働き方改革に関する緊急対策の策定並びに学校における業務改善及び勤務時間管理等に係る取組の徹底について（通知）（平成30年2月9日　文部科学事務次官）

〔編著者による抜粋〕
1．学校における業務改善について
（2）中間まとめにおいて示された業務の在り方に関する考え方を踏まえて教育委員会が特に留意して取り組むべき個別業務の役割分担及び適正化について
【学校の業務だが、必ずしも教師が担う必要のない業務】

⑧部活動

　各学校において、教師の負担の度合いや専門性の有無を踏まえ、学校の教育方針を共有した上で、学校職員として部活動の実技指導等を行う部活動指導員をはじめとした外部人材の積極的な参画を進めること。

　少子化等により規模が縮小している学校においては、学校に設置する部活動の数について、生徒や教師の数、部活動指導員の参画状況を考慮して適正化するとともに、生徒がスポーツ・文化活動等を行う機会が失われることのないよう複数の学校による合同部活動や民間団体も含めた地域のクラブ等との連携等を積極的に進めること。

　教師の勤務負担軽減や教科指導等とのバランスという観点だけでなく、部活動により生徒が学校以外の様々な活動について参加しづらいなどの課題や生徒のバランスの取れた健全な成長の確保の観点からも、部活動の適切な活動時間や休養日について明確に基準を設定すること。

　一部の保護者による部活動への過度の期待が見られることも踏まえ、入試における部活動に対する評価の在り方の見直し等に取り組むこと。

　部活動に過度に注力してしまう教師も存在するところであり、教師の側の意識改革を行うために、採用や人事配置等の段階において、教師における部活動の指導力を過度に評価しないよう留意すること。

2．勤務時間管理の徹底及び適正な勤務時間の設定について
③　部活動や放課後から夜間などにおける見回り等、「超勤４項目」以外の業務については、校長は、時間外勤務を命ずることはできないことを踏まえ、早朝や夜間等、通常の勤務時間以外の時間帯にこうした業務を命ずる場合、服務監督権者は、正規の勤務時間の割り振りを適正に行うなどの措置を講ずるよう徹底すること。

(4) 運動部活動の在り方に関する総合的なガイドライン
　　　　　　　　　　　　　　　　　（平成30年3月　スポーツ庁）

〔編著書による抜粋〕
本ガイドライン策定の趣旨等
○　本ガイドラインは、義務教育である中学校（義務教育学校後期課程、中等教育学校前期課程、特別支援学校中学部を含む。以下同じ。）段階の運動部活動を主な対象とし、生徒にとって望ましいスポーツ環境を構築するという観点に立ち、運動部活動が以下の点を重視して、地域、学校、競技種目等に応じた多様な形で最適に実施されることを目指す。
○　市区町村教育委員会や学校法人等の学校の設置者及び学校は、本ガイドラインに則り、持続可能な運動部活動の在り方について検討し、速やかに改革に取り組む。都道府県においては、学校の設置者が行う改革に必要な支援等に取り組む。
○　本ガイドラインの基本的な考え方は、学校の種類や学校の設置者の違いに関わらず該当するものであることから、高等学校段階の運動部活動についても本ガイドラインを原則として適用し、速やかに改革に取り組む。その際、高等学校段階では、各学校において中学校教育の基礎の上に多様な教育が行われている点に留意する。

1　適切な運営のための体制整備
 (1) 運動部活動の方針の策定等
ア　都道府県は、本ガイドラインに則り、運動部活動の活動時間及び休養日の設定その他適切な運動部活動の取組に関する「運動部活動の在り方に関する方針」を策定する。
イ　市区町村教育委員会や学校法人等の学校の設置者は、本ガイドラインに則り、都道府県の「運動部活動の在り方に関する方針」を参考に、「設置する学校に係る運動部活動の方針」を策定する。

ウ　校長は、学校の設置者の「設置する学校に係る運動部活動の方針」に則り、毎年度、「学校の運動部活動に係る活動方針」を策定する。運動部顧問は、年間の活動計画（活動日、休養日及び参加予定大会日程等）並びに毎月の活動計画及び活動実績（活動日時・場所、休養日及び大会参加日等）を作成し、校長に提出する。

エ　校長は、上記ウの活動方針及び活動計画等を学校のホームページへの掲載等により公表する。

3　適切な休養日等の設定
○　学期中は、週当たり2日以上の休養日を設ける。（平日は少なくとも1日、土曜日及び日曜日（以下「週末」という。）は少なくとも1日以上を休養日とする。週末に大会参加等で活動した場合は、休養日を他の日に振り替える。）
○　長期休業中の休養日の設定は、学期中に準じた扱いを行う。また、生徒が十分な休養を取ることができるとともに、運動部活動以外にも多様な活動を行うことができるよう、ある程度長期の休養期間（オフシーズン）を設ける。
○　1日の活動時間は、長くとも平日では2時間程度、学校の休業日（学期中の週末を含む）は3時間程度とし、できるだけ短時間に、合理的でかつ効率的・効果的な活動を行う。

5　学校単位で参加する大会等の見直し
ア　公益財団法人日本中学校体育連盟は、主催する学校体育大会について、4を踏まえ、単一の学校からの複数チームの参加、複数校合同チームの全国大会等への参加、学校と連携した地域スポーツクラブの参加などの参加資格の在り方、参加生徒のスポーツ障害・外傷の予防の観点から、大会の規模もしくは日程等の在り方、スポーツボランティア等の外部人材の活用などの運営の在り方に関する見直しを速やかに行う。

また、都道府県中学校体育連盟が主催する大会においても、同様の見直しが行われるよう、必要な協力や支援を行う。
イ　都道府県中学校体育連盟及び学校の設置者は、学校の運動部が参加する大会・試合の全体像を把握し、週末等に開催される様々な大会・試合に参加することが、生徒や運動部顧問の過度な負担とならないよう、大会等の統廃合等を主催者に要請するとともに、各学校の運動部が参加する大会数の上限の目安等を定める。
ウ　校長は、都道府県中学校体育連盟及び学校の設置者が定める上記イの目安等を踏まえ、生徒の教育上の意義や、生徒や運動部顧問の負担が過度とならないことを考慮して、参加する大会等を精査する。

○　部活動指導員に対する研修内容（例）
学校の設置者等及び学校において実施する部活動指導員を対象とした研修の内容について、それぞれ以下に例を示す。
【学校の設置者等において実施する研修】
・部活動指導員制度の概要（身分、職務、勤務形態、報酬・費用弁償、災害補償等）
・学校教育及び学習指導要領
・部活動の意義及び位置付け
・服務（校長の監督を受けること、生徒の人格を傷つける言動や体罰が禁止されていること、保護者等の信頼を損なうような行為の禁止等）
・生徒の発達段階に応じた科学的な指導
・顧問や部活動を担当する教諭等との情報共有
・安全・障害予防に関する知識・技能の指導
・学校外での活動（大会・練習試合等）の引率
・生徒指導に係る対応
・事故が発生した場合の現場対応
・女子生徒や障害のある生徒などへの配慮
・保護者等への対応

・部活動の管理運営（会計管理等）
【学校において実施する研修】
・学校、各部の活動の目標や方針（各部の練習時間や休養日の徹底も含む）
・学校、各部が抱える課題
・学校、各部における用具・施設の点検・管理

---

(5) 運動部活動の在り方に関する総合的なガイドラインの策定及び運動部活動の適切な運営等に係る取組の徹底について（依頼）
　　平成30年3月19日　スポーツ庁次長　文部科学省初等中等教育局長　文化庁次長

〔編著書による抜粋〕
6　文化部活動について
　本ガイドラインの趣旨の他、本ガイドライン中の「適切な運営のための体制整備」及び「適切な休養日等の設定」については、当面、文化部活動に関しても、文化部活動の特性を踏まえつつ、本ガイドラインに準じた取扱いをしていただきますようお願いします。
　なお、文化庁において、平成30年度に「文化部活動の在り方に関する有識者会議」を設置し、文化部活動の在り方に関して議論し、「文化部活動の在り方に関する総合的なガイドライン（仮称）」の策定を進める予定です。

(6) 文化庁「文化部活動の在り方に関する総合的なガイドライン作成検討会議」

2018（平成30）年7月12日に第1回会議を開催した。2018年内にガイドラインを作成する予定で進行している。

【趣旨】

スポーツ庁において策定された「運動部活動の在り方に関する総合的なガイドライン」（平成30年3月決定）を踏まえつつ、文化部活動においても適切な運営のための体制整備、休養日等の設定、地域との連携、効果的・効率的な活動の促進等について議論するため、「文化部活動の在り方に関する総合的なガイドライン作成検討会議」を設置する。

【委員一覧】

揚村洋一郎　東海大学付属仰星高等学校中等部　東海大学付属仰星高等学校校長
岸　信介　一般社団法人全日本合唱連盟理事長
木下　雅人　静岡市教育委員会学校教育課教育課題係指導主事
齊藤　勇　一般社団法人　ふじのくに文教創造ネットワーク理事長（地域部活"音楽×演劇×放送"文化創造部・発起人）
妹尾　昌俊　教育研究家、文部科学省委嘱学校業務改善アドバイザー
千葉　仁　公益社団法人全国高等学校文化連盟事務局長
長沼　豊　学習院大学文学部教育学科教授
野口由美子　全国中学校文化連盟理事長
丸谷　明夫　一般社団法人全日本吹奏楽連盟理事長
横山　恵子　東京音楽大学　東京音楽大学大学院教授（声楽）　二期会オペラ振興財団会員

資料2　日本部活動学会の紹介

　日本部活動学会は 2017 年 12 月 27 日に設立され、部活動のあり方を研究しています。

　2018 年 8 月 1 日現在約 200 人の会員がいます。会員は中学・高校の教員、研究者、保護者、一般市民など多様です。

1. 設立趣意

　日本における部活動は、長年にわたって発展を遂げ、学校教育に根付いています。教育文化の一翼を担っていると言っても過言ではありません。活動に参加することで児童生徒が生きがいを感じ成長・発達した実践などを通して、部活動の良さや価値は認知されています。ただし部活動に関する学術的な研究は、スポーツ科学や教育社会学をはじめとして研究成果が蓄積されている分野もあるものの、実践の隆盛に比べれば文献や論文は多くなく発展途上の状態にあると言えます。長年にわたって継続してきた要因や歴史的経緯を含め、部活動の教育的意義や価値、学校教育の中で果たす機能についてのさらなる研究が求められています。同時に各分野に散在している研究成果を横断し俯瞰する研究も必要です。

　近年では部活動のあり方が問われてきており、その存立の意味も含めて問い直しの声が広がっています。例えば児童生徒の負担の問題（家庭での時間や自由時間が少ない等）、顧問教員の過重負担、教員の全員顧問制と児童生徒の強制加入、過酷な練習や体罰、外部指導員との連携や質的向上、部活動指導員（職員）の確保、保護者の理解と協力、大会や練習時の送迎の問題、選手育成か教育かという目的に関わる問題など、多様な問題や課題です。これらを解決する方策を探り、部活動のあり方を考察するためにも、学術的な観点からの知見が必要となっています。

　部活動の研究には、その実態に即した多角的な分析が必要です。健

康・安全、成長・発達、キャリア、生活など児童生徒の視点、指導方法、働き方改革、労働問題など教員の視点、外部指導者、社会教育との関係など環境整備の視点、法整備や指針、給特法など行政の視点等の多角的な視点からの研究が進展することで、部活動のあり方を総合的に分析・考察・追究し、実践に資する知見を提供することができます。

　そのためには教育学、教育心理学、教育社会学、カリキュラム論、教職論、教師教育学、教育史、特別活動、スポーツ科学、グループダイナミクス、法学、医学、ボランティア論、教育行政学、労働経済学など、多様な分野の研究者が集い、学際的な研究を進展させることが不可欠です。部活動の内容に関する分野としては運動関係だけでなく、文化や科学・芸術に関係する学問（文芸、書道、音楽、美術、演劇、映像文化、経済、自然科学、工学、家政、福祉、その他の文化芸能）の研究者や、教科教育系の研究者による知見も期待されます。

　また、理論研究だけでなく、実践に携わる小中学校、高等学校等の教職員等による実践研究も重要です。例えば、部活動の学校教育における位置付け、教員や児童生徒の負担軽減を図る仕組み・方策、休養日や大会のあり方、保護者・地域との関係づくりなどについては、ただ一つの正解があるものではありませんが、広く実践的な研究を行い、効果的な施策・取組等について企画、実施し、普及啓発を図っていくことが必要です。さらには研究者・実践者だけでなく、児童生徒の保護者、地域の指導者、教育行政関係者、部活動経験者などが集い、誰もが議論や協議に参加できる共通の場（プラットフォーム）が必要です。

　以上のことから、部活動に関する研究者、実践者、関係者が一同に集い、部活動を学術的に分析・考察し、実践に資するための知の蓄積およびそれらを公表し社会に貢献する場が必要であると考え、日本部活動学会（Japanese Association for the Study of Extracurricular Club Activities）JASECA を設立しました。

設立発起人一同

2. 日本部活動学会の活動
- ●大会（年1回）毎年3月末に開催
- ●研究集会（年1回）毎年秋～冬に開催
- ●会員総会（年1回）大会期間中に総会を開催し事業を推進
- ●研究紀要（年1回）
  部活動に関する学術的な知の蓄積を目指し、研究論文を掲載
- ●実践事例年報（年1回）
  部活動に関する優れた実践を紹介することを目的に刊行
- ●WEB会報（年3回）
  部活動に関する種々の情報、会員の声、会務状況等を発信
- ●情報発信（随時）
  部活動に関する多種多様な情報をWEB・SNS等で発信

3. 日本部活動学会第1期役員
- ■会長　長沼豊（学習院大学）
- ■副会長　神谷拓（宮城教育大学）望月浩一郎（弁護士）
- ■理事
  大会・研究集会担当　中屋晋（(社)日本部活指導研究協会代表）
  研究紀要担当　大橋基博（名古屋造形大学）小野田正利（大阪大学）
  　　　　　　　林幸克（明治大学）
  会報担当　杉本直樹（大阪市立中学校）長野いつき（音楽家）
  広報担当　小阪成洋（愛知教育大学大学院生、部活問題対策プロジェ
  　　　　　クト）　平澤実（㈱ベネッセコーポレーション）
- ■事務局
  事務局長：柴崎直人（岐阜大学）
  事務局次長：由井一成（学習院大学大学院生）
  会員管理担当：田村基成（私立高校）
  会計管理担当：西村まどか（私立中学・高校）石田諭史（公立中学
  　　　　　　　校）

広報担当：小阪成洋（兼務）平澤実（兼務）
■監事
河島徳基（㈱ RIGHT STUFF）
妹尾昌俊（教育研究家、学校業務改善アドバイザー（文部科学省委嘱））
任期：2017年12月27日〜2020年3月総会

4. 会員募集
部活動問題を一緒に考えていただける会員を募集しています
入会詳細は日本部活動学会WEBの「入会案内」をご確認ください
■会員のメリット
①学会大会に会員価格で参加できます（年1回　3月に開催）
②研究集会に会員価格で参加できます（年1回　秋〜12月頃に開催）
③研究紀要が送付（配付）されます（年1回）
④会報をWEB上で閲覧できます（2月、6月、10月を予定）
■入会金
1,000円　※設立初年度無料（2018年12月末迄）
■年会費
一般会員7,000円　学生会員3,000円　賛助会員50,000円

5. 日本部活動学会事務局
学習院大学文学部教育学科　長沼豊研究室内
住所　〒171-8588　東京都豊島区目白1-5-1
メール　jaseca2017@gmail.com
WEB　https://jaseca2017.jimdo.com/

おわりに

　私が最初に文化部に入ったのは中3になった時である。文芸部である。中1から所属していたバスケットボール部との兼部。バスケは副キャプテンを任されていた。それにも関わらず、なぜ文芸部に入部したのか。

　某有名男子私立中学で、高校受験はない。ならば部活動を謳歌しようと思ったのか。3年間国語の授業担当でお世話になった北島先生が、私のユーモラスな作文を中2の頃からほめてくださり、小学校時代からずっと嫌いだった作文が好きになりかけていた時期だった。妙に嬉しくて、先生のところに入部しますと挨拶に行ったのを覚えている。

　活動にはバスケットボール部とバッティングしない時に参加するというのを部長の有島君が許してくれたので助かった。彼も陸上競技部だった。ノルマといえば文化祭に作品集を出すというので、執筆しなければならなかったが、文化祭は実行委員で、装飾の委員長、間際はほとんど時間がとれず出品はできなかった。有島君に平謝りし、北島先生にお詫びしたのを覚えている。そんなわけで幽霊部員に近い状態だったが、文芸部ということは、一応、三島由紀夫氏の後輩になっていたことは事実である。

　その次に文化部に入ったのは、高1の秋にバスケットボール部をやめてから悶々としていた高2の4月だった。社会問題研究会。いかにも怪しげである。顧問である倫理社会の先生が授業で紹介してくださったのがきっかけで、先輩が卒業してしまい、部員がいないのだという。ということは、今入部すれば部長だ。バスケットボール部をやめた理由の半分は運動部特有の縦型の服従関係だったので、ここなら再起できるかもしれない、そう思ったのかもしれない。同じようにバスケットボール部をやめた友人と学年成績1位の友人を誘って入部した。先輩たちはボランティア活動をしていたというので、それを継続したいと申し出

た。私のボランティア活動初体験である。

　後から聞いたのだが皇太子殿下（2019年5月から天皇陛下）も部員だったそうで、朝、目白駅前と学校の門のあたりで清掃活動をしていたそうである。こちらの後輩でもあったとは不思議なことである。

　私たちの代は清掃活動を実施しなかったが、土曜日の午後に母子寮（現在の母子生活支援施設）に行き、子どもたちの遊び相手をするという活動は先輩からのものを継続することにした。

　このことがきっかけで、ボランティア活動にのめり込み、中学校の教員になってからはボランティア学習の研究と実践を始めた。ボランティア同好会も立ち上げた。さらに大学の教員になってからは、ボランティア学習の博士論文を書いた。つまり私の人生は文化部によって大きく動いたということになる。

　私が部活動にこだわる理由、特に自主・自発を生かした部活動を大切にしたい理由は、これらの原体験にあるのかもしれない。よい思い出ばかりではなく、運動部特有の服従関係のようなものには幻滅し、その反動で自主・自発の重要性を唱えるようになった。抑圧からの自由や、弱者の側から見た理不尽なものへの反骨という視点は、部活動とは別に取り組んでいるボランティア学習やシティズンシップ教育の研究につながる水脈になっているのではないかと思う。

　中学校教員時代には水泳部顧問、バスケットボール部副顧問、ボランティア同好会顧問と、同時に3つの部活動を担当していたのも、今となっては武勇伝である。本書は、これまでに部活動でお世話になった皆様への感謝の念を表す意味もある。この場を借りて感謝申し上げたい。

　末尾に、多忙な中執筆を賜った各章の執筆者の皆さんと、企画段階から相談に乗っていただいた中村堂の中村宏隆さんに御礼を申し上げる。

2018年8月18日　軽井沢にて

編著者　長沼豊

●編著者・著者紹介

【編著者】
長沼豊 （はじめに、序章、終章、資料、おわりに）
〔学習院大学教授〕教科外教育（部活動、特別活動、ボランティア学習、市民性教育など）の研究。日本部活動学会会長、文化庁「文化部活動のあり方に関する総合的なガイドライン作成検討会議」座長など。

【執筆者】
田村基成 （第1章）
〔私立高等学校教諭〕学習院大学大学院人文科学研究科教育学専攻博士前期課程に在学中。日本部活動学会役員、日本特別活動学会会員。

林幸克 （第2章）
〔明治大学文学部専任准教授〕博士（学術）、剣道教士七段。専門：特別活動論、生徒指導論、生涯学習論。主な役職：日本部活動学会理事、日本特別活動学会常任理事、日本生涯教育学会評議員。

由井一成 （第3章第1節）
〔元私立高等学校教諭〕学習院大学大学院人文科学研究科教育学専攻博士後期課程に在学中。教科外教育（部活動、特別活動、国際理解教育、グローバル教育、市民性教育など）の研究。日本部活動学会事務局次長、元日本女子大学附属高等学校外国語科専任教諭。

柴崎直人 （第3章第2節）
〔岐阜大学准教授〕礼儀作法に関する教育（部活動、特別活動、道徳教育など）の研究。日本部活動学会事務局長、日本特別活動学会常任理事、東京都水泳協会日本泳法委員、小笠原流礼法総師範。

Mr.Peki-chan （第3章第3節）
〔現役中学生保護者〕岩手県一関市在住。生徒の部活動全員加入への疑問をブログ「ぺきぶろ」で発信中。顧問強制や長時間労働を問題視する先生方のムーブメントとも連携している。

玉城 久 （第3章第4節）
〔沖縄県石垣市立石垣中学校教諭〕2017年度より郷土芸能部顧問を担当。

岡﨑博吉　（第3章第5節）
〔大分県立中津東高等学校教諭〕マーケティング部顧問。部の活動理念である「地域貢献・中津市活性化」を念頭に置き、実学重視の様々な活動を行っている。平成27年度中津市まち・ひと・しごと創生懇談会委員。平成29年度文部科学大臣優秀教職員表彰（実践分野四・特別活動、部活動指導）受賞。

玉木博章　（第3章第6節）
〔中京大学ほか非常勤講師〕生活指導、人間関係、青年文化の研究。翻訳書にG.ビースタ『よい教育とはなにか』、論文に「文化部研究の到達点と課題」『日本部活動学会紀要』第1号（発刊予定）所収など。

齊藤勇　（第3章第6節、座談会）
〔一般社団法人ふじのくに文教創造ネットワーク理事長〕地域部活・掛川未来創造部"palette"発起人・顧問、文化庁「文化部活動のあり方に関する総合的なガイドライン作成検討会議」委員。

妹尾昌俊　（第5章）
〔教育研究家、コンサルタント〕専門は学校マネジメント、地域協働等。文科省委嘱・学校業務改善アドバイザー、中教審委員（働き方改革部会）、スポーツ庁、文化庁における部活動ガイドライン検討会議委員。

斉藤利彦　（第6章）
〔学習院大学教授〕日本教育史、中等教育史、学校文化史、校友会史等の研究を行っている。

清水弘美　（第7章）
〔東京都八王子市立浅川小学校校長〕東京都小学校学校行事研究会会長。特別活動で学校経営を推進している。国立教育政策研究所の特別活動リーフレット作成に協力。特別活動の海外発信も行っている。

【座談会参加者】
長野いつき
〔音楽家〕作曲・編曲、ピアノ実技、及び音楽学、音楽教育の研究。性同一性障害当事者の発声とQOLの問題も扱っている。日本部活動学会理事。

※2018年9月1日現在

部活動改革2.0　文化部活動のあり方を問う

2018年10月20日　第1刷発行

編　著／長沼豊
発行者／中村宏隆
発行所／株式会社　中村堂
　　　　〒104-0043　東京都中央区湊3-11-7
　　　　　　　湊92ビル 4F
　　　　Tel. 03-5244-9939　Fax. 03-5244-9938
　　　　ホームページ　http://www.nakadoh.com

編集協力・デザイン／有限会社タダ工房
表紙等デザイン／佐藤友美
印刷・製本／モリモト印刷株式会社

©Yutaka Naganuma 2018

◆定価はカバーに記載してあります。
◆乱丁・落丁の場合はお取り替えいたします。

ISBN978-4-907571-51-1